Lóng neu
龍 A1 – A2

Chinesisch für Anfänger
Lösungsheft

von
Hui Weber

Beratung
Cornelia Schindelin
Arvid Storch

Ernst Klett Sprachen
Stuttgart

1. Auflage   1 $^{8\,7\,6}$ | 2024 23 22

Autorin Hui Weber
Beratung Cornelia Schindelin (Johannes Gutenberg-Universität Mainz), Arvid Storch

Redaktion Stephanie Kirschnick, Michael Krumm
Layoutkonzeption grundmanngestaltung, Karlsruhe
Gestaltung und Satz grundmanngestaltung, Karlsruhe
Umschlaggestaltung grundmanngestaltung, Karlsruhe
Reproduktion Meyle + Müller GmbH + Co. KG, Pforzheim
Druck und Bindung Elanders GmbH, Waiblingen

ISBN 978-3-12-528962-8

9 783125 289628

Liebe Lernerinnen,
liebe Lerner des Chinesischen,

dieses Heft enthält die Lösungen zu den Übungen des Kursbuches (ISBN 978-3-12-528960-4) und des Übungsbuches (ISBN 978-3-12-528961-1) von Lóng neu 龍, dem Chinesisch-Lehrwerk für Anfänger A1 – A2.

Mit Hilfe dieses Lösungsheftes eignen sich die Aufgaben des Übungsbuches sowohl für den Einsatz im Unterricht als auch für die eigenständige Arbeit zu Hause.

Wir wünschen Ihnen viel Erfolg und viel Spaß beim Lösen der Aufgaben!

Ihre Autorin, Ihre Redaktion

Inhalt

Lösungen zum Kursbuch

Lösungen zum Übungsbuch

Lösungen zum Kursbuch

1 您好！

A5

	Silbe	Ton	Anlaute	Auslaute
1.	hě	v	h	e
2.	men	--------	m	en
3.	hū	–	h	u
4.	zǎo	v	z	ao
5.	mǎ	v	m	a

	Silbe	Ton	Anlaute	Auslaute
6.	jiàn	`	j	ian
7.	ní	´	n	i
8.	wō	–	w	o
9.	zài	`	z	ai
10.	ài	`	--------	ai

A6
1. – Bild 3 · 2. – Bild 1 · 3. – Bild 4 · 4. – Bild 2

B1 a
1. Nǐ hǎo ma? · 2. Nǐ è ma? · 3. Wǒ hěn lèi. · 4. Wǒ bù máng. · 5. Wǒ bù kě.

B1 b
Li Li ist beschäftigt, erschöpft und hungrig.

B1 c
Die Verneinung bildet man mit **bù**, sie steht immer **vor** dem Adjektiv.

B1 d und B2 b
Siehe Transkriptionen im Kursbuch.

B2 d
1. lái · 2. jiàn · 3. hāng · 4. hàn · 5. nǐ · 6. kě · 7. hù · 8. mén

B3

Name	好 hǎo	忙 máng	渴 kě	饿 è	累 lèi
Michael	hěn hǎo	bù máng	bù kě	hěn è	hěn lèi
Linda	bù hǎo	hěn máng	hěn kě	bú è	bú lèi

B4 c

Zeichen	Radikal	Bedeutung des Radikals
你	亻	einzelner Mensch
您	心	Herz
吗	口	Mund
饿	食/饣	Essen
好	女	Frau
很	彳	doppelter Mensch

2 我介绍一下

A5

1. - 叫 (jiào) · 2. - 姓 (xìng) · 3. - 叫 (jiào) · 4. - 叫 (jiào) · 5. - 姓 (xìng)

A7 b

Zeichen	Radikal	weitere Komponente		Zeichen	Radikal	weitere Komponente
问	门	口		请	讠	青

B4

1. richtig · 2. falsch · 3. richtig · 4. falsch

B7 b

明	=	日	+	月		字	=	宀	+	子
hell		Sonne		Mond		Zeichen		Dach		Sohn

C2

1. 米勒先生
   Mǐlè xiānsheng

2. 李工程师
   Lǐ gōngchéngshī

3. 王老师
   Wáng lǎoshī

4. 邓秘书
   Dèng mìshū

C3 b

Siehe Transkriptionen im Kursbuch.

C4 a

In Chinesisch bildet man Possessivpronomen mit 的 (de), es steht immer hinter dem Personalpronomen.

C4 b

a. 我们的老师
   wǒmen de lǎoshī

b. 他们的秘书
   tāmen de mìshū

c. 你的朋友
   nǐ de péngyou

d. 您的学生
   nín de xuésheng

C5

Bild B

C7

- 您好！
  Nín hǎo!

- 请问，你叫什么名字？
  Qǐngwèn, nǐ jiào shénme míngzì?

- 我姓XX，叫XX，是秘书。
  Wǒ xìng XX, jiào XX, shì mìshū.

- 这是我的名片。
  Zhè shì wǒ de míngpiàn.

- 认识您我很高兴。
  Rènshí nín wǒ hěn gāoxìng

- 您好吗？
  Nín hǎo ma?

- 您忙吗？
  Nín máng ma?

- 您好！
  Nín hǎo!

- 我叫XXX。
  Wǒ jiào XXX.

- 我是工程师。
  Wǒ shì gōngchéngshī.

- 谢谢，这是我的名片。
  Xièxiè, zhè shì wǒ de míngpiàn.

- 我也很高兴。
  Wǒ yě hěn gāoxìng.

- 我很好。
  Wǒ hěn hǎo.

- 我很忙。
  Wǒ hěn máng.

C8 b

1. 这	=	辶	+	文
dieser / diese, das		gehen		Kultur, Schrift

2. 友	=	ナ	+	又
Freund		–		rechte Hand

3 我会说汉语

A3

1. richtig · 2. falsch, 英国在这儿，美国在那儿。 (Yīngguó zài zhèr, Měiguó zài nàr.) ·
3. richtig · 4. falsch, 奥地利、意大利在哪儿？(Àodìlì、Yìdàlì zài nǎr?)

A4

1., 3., 4., 6., 7. und 8. kommen vor.

A6 b

1. 和	=	禾	+	口
und		Getreidehalm		Mund

3. 国	=	囗	+	玉
Land		Rahmen		Jade

2. 英	=	艹	+	央
Helden		Gras		Zentrum

4. 汉	=	氵	+	又
Han-Volk		Wasser		rechte Hand

B2

Land	Staatsangehörigkeit	Sprache
中国 Zhōngguó China	中国人 Zhōngguórén Chinese, Chinesin	汉语 / 中文 Zhōngwén / Hànyǔ Chinesisch

德国 Déguó Deutschland	德国人 Déguórén Deutsche(-r)	德语 / 德文 Déyǔ / Déwén Deutsch
日本 Rìběn Japan	日本人 Rìběnrén Japaner(-in)	日语 / 日文 Rìyǔ / Rìwén Japanisch
英国 Yīngguó England	英国人 Yīngguórén Engländer(-in)	英语 / 英文 Yīngyǔ / Yīngwén Englisch
美国 Měiguó USA	美国人 Měiguórén Amerikaner(-in)	英语 / 英文 Yīngyǔ / Yīngwén Englisch
法国 Fǎguó Frankreich	法国人 Fǎguórén Franzose, Französin	法语 / 法文 Fǎyǔ / Fǎwén Französisch
意大利 Yìdàlì Italien	意大利人 Yìdàlìrén Italiener(-in)	意大利语 / 意大利文 Yìdàlìyǔ / Yìdàlìwén Italienisch

B3

1. 你会说汉语吗？
   Nǐ huì shuō Hànyǔ ma?

2. 我会说英语…。
   Wǒ huì shuō Yīngyǔ….

3. 你是哪国人？
   Nǐ shì nǎ guó rén?

4. 那是美国。
   Nà shì Měiguó.

C1a

1. D · 2. B · 3. A · 4. C · 5. E

C2

1. 她是英国人。
   Tā shì Yīngguórén.

   她会说汉语。
   Tā huì shuō Hànyǔ.

   她在大学学习。
   Tā zài dàxué xuéxí.

2. 他是德国人。
   Tā shì Déguórén.

   他在中国大众公司工作。
   Tā zài Zhōngguó Dàzhòng gōngsī gōngzuò.

   他会说英语。
   Tā huì shuō Yīngyǔ.

C4

1. richtig · 2. falsch · 3. richtig · 4. richtig · 5. richtig · 6. falsch

C5

1. 你会说汉语吗？
   Nǐ huì shuō Hànyǔ ma?

2. 我在中国学习。
   Wǒ zài Zhōngguó xuéxí.

3. 我会说一点儿英语、西班牙语。
   Wǒ huì shuō yìdiǎnr Yīngyǔ、Xībānyáyǔ.

4. 你从哪儿来？你是哪国人？
   Nǐ cóng nǎr lái? Nǐ shì nǎ guó rén?

5. 我是德国人，我从柏林来。
   Wǒ shì Déguórén, wǒ cóng Bólín lái.

6. 哪里，哪里，我的汉语不好。
   Nǎlǐ, nǎlǐ, wǒ de Hànyǔ bù hǎo.

C6 b

1. 京 = 亠 + 口 + 小
   Radikal: 亠
   Bedeutung des Radikals: gerader Deckel

2. 北 = 丬 + 匕
   Radikal: 匕
   Bedeutung des Radikals: Kelle, Dolch

4 跟朋友约会

A
Siehe Transkriptionen im Kursbuch bzw. vgl. A1a.

A2 b

	0	1	2	3	4	5	6	7	8	9
10	零	一	二	三	四	五	六	七	八	九
10	十	十一	十二	十三	十四	十五	十六	十七	十八	十九
20	二十	二十一	二十二	二十三	二十四	二十五	二十六	二十七	二十八	二十九
30	三十	三十一	三十二	三十三	三十四	三十五	三十六	三十七	三十八	三十九
40	四十	四十一	四十二	四十三	四十四	四十五	四十六	四十七	四十八	四十九
50	五十	五十一	五十二	五十三	五十四	五十五	五十六	五十七	五十八	五十九
60	六十	六十一	六十二	六十三	六十四	六十五	六十六	六十七	六十八	六十九
70	七十	七十一	七十二	七十三	七十四	七十五	七十六	七十七	七十八	七十九
80	八十	八十一	八十二	八十三	八十四	八十五	八十六	八十七	八十八	八十九
90	九十	九十一	九十二	九十三	九十四	九十五	九十六	九十七	九十八	九十九

B1 a
Siehe Transkriptionen im Kursbuch.

B3

- 你在哪儿工作？
  Nǐ zài nǎr gōngzuò?
- 我在公司工作。
  Wǒ zài gōngsī gōngzuò.

- 你在哪儿等朋友？
  Nǐ zài nǎr děng péngyǒu?
- 我在这儿等朋友。
  Wǒ zài zhèr děng péngyou.

- 你在哪儿约会？
  Nǐ zài nǎr yuē huì?
- 我在咖啡馆约会。
  Wǒ zài kāfēiguǎn yuē huì.

- 你在哪儿说德语？
  Nǐ zài nǎr shuō Déyǔ?
- 我在奥地利说德语。
  Wǒ zài Àodìlì shuō Déyǔ.

- 你在哪儿看电影？
  Nǐ zài nǎr kàn diànyǐng?
- 我在大学看电影。
  Wǒ zài dàxué kàn diànyǐng.

B5 b

Zeichen	Radikal	Strichzahl des Radikals	Bedeutung des Radikals	Anzahl der restlichen Striche
起	走	7	rennen	3
等	竹	6	Bambus	6
刻	刂	2	Messer	6
跟	足	7	Fuß	6
着	目	5	Auge	6
气	气	4	Gas, Luft	0

C1 a

3. yī jiǔ liù wǔ nián · 4. èr líng líng qī nián

C1 b

Januar	一月	yīyuè	Mai	五月	wǔyuè	September	九月	jiǔyuè
Februar	二月	èryuè	Juni	六月	liùyuè	Oktober	十月	shíyuè
März	三月	sānyuè	Juli	七月	qīyuè	November	十一月	shíyīyuè
April	四月	sìyuè	August	八月	bāyuè	Dezember	十二月	shí'èryuè

C1 c

der 25.	èrshíwǔ hào / èrshíwǔ rì	25号 / 25日
der 31.	sānshíyī hào / sānshíyī rì	31号 / 31日

C1 d

Montag	Dienstag	Mittwoch	Donnerstag	Freitag	Samstag	Sonntag
星期一	星期二	星期三	星期四	星期五	星期六	星期天 / 星期日
xīngqīyī	xīngqī'èr	xīngqīsān	xīngqīsì	xīngqīwǔ	xīngqīliù	xīngqītiān / xīngqīrì

C2 b

1. c. · 2. a. · 3. d. · 4. b.

C4

1. falsch · 2. richtig · 3. falsch · 4. richtig

C5

● 星期四你有时间吗?
Xīngqīsì nǐ yǒu shíjiān ma?

● 星期四是几号?
Xīngqīsì shì jǐ hào?

● 是十九号。
Shì shíjiǔ hào.

🎵 等一下，我看一下我的日历，我有时间。
Děng yíxià, wǒ kàn yíxià wǒ de rìlì, wǒ yǒu shíjiān.

🎵 星期四晚上我想跟你一起去看电影。
Xīngqīsì wǎnshàng wǒ xiǎng gēn nǐ yìqǐ qù kàn diànyǐng.

🎵 我很高兴，跟你一起去看电影。我们看什么电影？
Wǒ hěn gāoxìng, gēn nǐ yìqǐ qù kàn diànyǐng. Wǒmen kàn shénme diànyǐng?

🎵 看中国电影"好朋友"。
Kàn Zhōngguó diànyǐng "Hǎo péngyou".

🎵 几点我等你？在哪儿等你？
Jǐ diǎn wǒ děng nǐ? Zài nǎr děng nǐ?

🎵 晚上六点三刻我在大学咖啡馆等你。
Wǎnshàng liù diǎn sān kè wǒ zài dàxué kāfēiguǎn děng nǐ.

🎵 星期四我们见。
Xīngqīsì wǒmen jiàn.

6b

Zeichen	Bedeutung
1. 影	Schatten
2. 知	wissen
3. 历	durchgehen

5 在宾馆

Auftaktübung

1. Euro · 2. eintausend Euro · 3. chinesische Währung · 4. einhundert yuan

A1b

1. 83 yuán · 2. 0.95 yuán · 3. 104 yuán · 4. 531 yuán · 5. 69.59 yuán · 6. 4279 yuán

A3

1. 七十四元一角九分
qīshísì yuán yì jiǎo jiǔ fēn

2. 六十五元零五分
liùshíwǔ yuán líng wǔ fēn

3. 八百零九元三角二分
bābǎi líng jiǔ yuán sān jiǎo èr fēn

4. 两千五百零二元三角四分
liǎngqiān wǔbǎi líng èr yuán sān jiǎo sì fēn

A4

Zu hören sind 1., 6., 7. und 8.

A5

1. 你有人民币吗？
   Nǐ yǒu Rénmínbì ma?

2. 这是九十八元八角七分。
   Zhè shì jiǔshíbā yuán bā jiǎo qī fēn.

3. 这是欧元，不是人民币。
   Zhè shì Ōuyuán, bú shì Rénmínbì.

4. 这是四百零八元一角五分。
   Zhè shì sìbǎi líng bā yuán yì jiǎo wǔ fēn.

5. 我是德国人，我有欧元。
   Wǒ shì Déguórén, wǒ yǒu Ōuyuán.

6. 这是一千零八十元，不是一千零八十欧元。
   Zhè shì yìqiān líng bāshí yuán, bú shì yìqiān líng bāshí Ōuyuán.

A6 b

欧-欠 · 款-欠 · 软-欠 · 触-角 · 解-角 · 觜-角

B1 b

1. 约翰想要双人房间，他想住两天。
   Yuēhàn xiǎng yào shuāngrén fángjiān, tā xiǎng zhù liǎng tiān.

2. 房间很贵，一天要三百四十元。
   Fángjiān hěn guì, yì tiān yào sānbǎi sìshí yuán.

3. 一天290元，约翰要住三天以上。
   Yì tiān 290 yuán, Yuēhàn yào zhù sān tiān yǐshàng.

4. 房间是603号，在六楼。
   Fángjiān shì 603 hào, zài liù lóu

B1 c

1. 我想要两间单人房。
   Wǒ xiǎng yào liǎng jiān dānrén fáng.

2. 我想住四天。
   Wǒ xiǎng zhù sì tiān.

3. 您有一间空房间吗？
   Nín yǒu yì jiān kòng fángjiān ma?

4. 您能便宜一点儿吗？
   Nín néng piányi yidiǎnr ma?

B2 b

Zeichen	Radikal	weitere Komponente
空	穴	工
房	户	方

C1b

1. richtig · 2. richtig · 3. falsch · 4. richtig

C2

了 (le) zeigt die Abgeschlossenheit einer Handlung an. Es steht direkt **hinter dem Verb**.

C3

1. 想 (xiǎng) / 了 (le) / 一共 (yígòng) 3405
2. 可以 (kěyǐ) / 付 (fù) / 换 (huàn)
3. 附近 (fùjìn) / 自动取款机 (zìdòng qǔkuǎnjī) / 银行 (yínháng)
4. 多少 (duōshao) / 对不起 (duì bu qǐ)

C4

> 您好！
> Nín hǎo!

> 现在我想付钱，我住了五天。
> Xiànzài wǒ xiǎng fù qián, wǒ zhùle wǔ tiān.

> 您的房间是几号？
> Nín de fángjiān shì jǐ hào?

> 我的房间在7楼，房间号是796。
> Wǒ de fángjiān zài 7 lóu, fángjiān hào shì 796.

> 您住了五天，一共3760元。
> Nín zhùle wǔ tiān, yígòng 3760 yuán.

> 我能不能用欧元付？
> Wǒ néng bù néng yòng Ōuyuán fù?

> 您可以用人民币付。
> Nín kěyǐ yòng Rénmínbì fù.

> 请问，在哪儿能换钱？
> Qǐngwèn, zài nǎr néng huàn qián?

> 对面是银行，您能在那儿换钱。
> Duìmiàn shì yínháng, nín néng zài nàr huàn qián.

> 一欧元换多少人民币？
> Yì Ōuyuán huàn duōshǎo Rénmínbì?

> 一欧元换七块人民币。
> Yì Ōuyuán huàn qī kuài Rénmínbì.

> 谢谢您，现在我去取钱。
> Xièxiè nín, xiànzài wǒ qù qǔ qián.

C5b

Zeichen	Radikal
动	力
换	扌
努	力
拿	手
加	力
打	扌

6 去吃饭

Auftaktübung a
Siehe Transkriptionen im Kursbuch.

Auftaktübung b
1. kěkǒu kělè · 2. kāfēi · 3. fēndá · 4. bǐsà bǐng · 5. sèlā

A1b
1. Li Li hat die SMS geschrieben.
2. Li Li schreibt die SMS an Wang Gang.
3. Wahrscheinlich hat sie Hunger.

A2

	das Restaurant		das Essen	
China	中国餐馆	Zhōngguó cānguǎn	中国饭	Zhōngguó fàn
Italien	意大利餐馆	Yìdàlì cānguǎn	意大利饭	Yìdàlì fàn
Frankreich	法国餐馆	Fǎguó cānguǎn	法国饭	Fǎguó fàn
Deutschland	德国餐馆	Déguó cānguǎn	德国饭	Déguó fàn
Spanien	西班牙餐馆	Xībānyá cānguǎn	西班牙饭	Xībānyá fàn

A3a
约翰喜欢中国饭。李莉喜欢意大利饭。王刚喜欢德国饭。
Johann mag chinesisches Essen. Li Li mag italienisches Essen. Wang Gang mag deutsches Essen.

A3b
他们去中国餐馆吃饭。
Tāmen qù Zhōngguó cānguǎn chī fàn.

A5

Zeichen	Radikal	Strichzahl des Radikals	Anzahl der restlichen Striche
店	广	3	5

B1

Siehe Transkriptionen im Kursbuch.

B3 a

1. a. · 2. d. · 3. b. · 4. c.

B3 b

Das „Zähleinheitswort" steht direkt **hinter** dem Zahlwort und **vor** dem Nomen.
Für die Zahl „Zwei" in Verbindung mit einem *ZEW* wird 两 (liǎng) verwendet.

B6 b

矿　瓶

C1 a

Siehe Transkriptionen im Kursbuch.

C2

Siehe Transkriptionen im Kursbuch.

C3

蔬菜 / 烤鸭、鱼 / 春卷、北京烤鸭、鱼、炒牛肉、

shūcài / kǎoyā、 yú / chūnjuǎn、 Běijīng kǎoyā、 yú、 chǎo niúròu、

酸辣汤、米饭

suān là tāng、 mǐfàn

C4 a

„给 (gěi)" und „在 (zài)" können beide **sowohl Verben als auch Präpositionen** sein.

C4 b

1. 在 (zài) · 2. 给 (gěi) · 3. 给 (gěi) · 4. 在 (zài) · 5. 在 (zài) · 6. 给 (gěi)

C5

Kellner: 欢迎光临！
Huānyíng guānglín!

Gast: 你好！
Nǐ hǎo!

Kellner: 请坐这儿。
Qǐng zuò zhèr.

Gast: 谢谢！
Xièxie!

Kellner: 我有啤酒、绿茶、矿泉水，你想喝什么？
Wǒ yǒu píjiǔ、 lǜchá、 kuàngquánshuǐ, nǐ xiǎng hē shénme?

Gast: 我想要绿茶。我想看菜单。
Wǒ xiǎng yào lǜchá. Wǒ xiǎng kàn càidān.

Kellner: 饮料、菜单马上来。
Yǐnliào、càidān mǎshàng lái.

Gast: 服务员，我想点菜，我要一份烤鸭、一碗汤。
Fúwùyuán, wǒ xiǎng diǎn cài, wǒ yào yí fèn kǎoyā、yì wǎn tāng.

Kellner: 请慢慢吃。
Qǐng mànman chī.

Gast: 菜很好吃。我想付钱。
Cài hěn hào chī. Wǒ xiǎng fù qián.

C6b

Zeichen	Radikal
鸭	鸟
盘	皿
鲨	鱼
糕	米
鸡	鸟

7 我的家

Auftaktübung
Siehe Transkriptionen im Kursbuch.

A2
丈夫	妻子	女儿	儿子
zhàngfu	qīzi	nǚ'ér	érzi

A3
王刚有哥哥、两个弟弟.
Wáng Gāng yǒu gēge、liǎng ge dìdi.

李莉有两个姐姐.
Lǐ Lì yǒu liǎng ge jiějie.

约翰有妹妹.
Yuēhàn yǒu mèimei.

B1a
Lisa hat 3 Kinder (zwei Töchter, einen Sohn) und keine Enkelkinder.

B1b
1. falsch · 2. richtig · 3. falsch

B2 b
这儿 (zhèr) und 那儿 (nàr) stehen direkt hinter dem personenbezeichnenden Nomen oder Pronomen und machen die bezeichnete(n) Person(en) zu einer Ortsangabe / Zielort.

B2 c
1. 那儿 (nàr) · 2. 这儿 (zhèr) · 3. 那儿 (nàr) · 4. 这儿 (zhèr)

B3
1. 我爱我的猫。
   Wǒ ài wǒ de māo.

2. 我的家有一只小狗。
   Wǒ de jiā yǒu yì zhī xiǎo gǒu.

3. 我家有五口人。
   Wǒ jiā yǒu wǔ kǒu rén.

4. 我家住在柏林。
   Wǒ jiā zhù zài Bólín.

B4 b

Zeichen	Radikal		Zeichen	Radikal
爱	爫		采	爫
猫	犭		狗	犭
爬	爪		臭	犬

C2
1. c. · 2. d. · 3. b. · 4. a.

C3
约翰有爸爸、妈妈、一个姐姐。
Yuēhàn yǒu bàba、māma、yí ge jiějie.

C5
Antwort 2 ist richtig: 他的女儿跟小狗玩.
Tā de nǚ'ér gēn xiǎo gǒu wán.

8 问路

Auftaktübung
Siehe Transkriptionen im Kursbuch.

A1a
Siehe Transkriptionen im Kursbuch.

A2

- 你怎么去那儿?
  Nǐ zěnme qù nàr?

- 我走路去那儿。
  Wǒ zǒu lù qù nàr.

- 你怎么去大学?
  Nǐ zěnme qù dàxué?

- 我骑自行车去大学。
  Wǒ qí zìxíngchē qù dàxué.

- 你怎么回家?
  Nǐ zěnme huí jiā?

- 我坐地铁回家。
  Wǒ zuò dìtiě huí jiā.

- 你怎么来这儿?
  Nǐ zěnme lái zhèr?

- 我坐出租车来这儿。
  Wǒ zuò chūzūchē lái zhèr.

- 你怎么去柏林?
  Nǐ zěnme qù Bólín?

- 我开车去柏林。
  Wǒ kāi chē qù Bólín.

- 你怎么来公司?
  Nǐ zěnme lái gōngsī?

- 我坐公交车来公司。
  Wǒ zuò gōngjiāochē lái gōngsī.

A3
他今天坐朋友的车去了大学。
Tā jīntiān zuò péngyou de chē qùle dàxué.

A4
1. 银行离这儿不远。
   Yínháng lí zhèr bù yuǎn.

2. 我想骑自行车。
   Wǒ xiǎng qí zìxíngchē.

3. 您怎么来中国餐馆?
   Nín zěnme lái Zhōngguó cānguǎn?

4. 我不会开车。
   Wǒ bú huì kāi chē.

A6
车 · 或

B1a
Siehe Transkriptionen im Kursbuch.

B1c
1. falsch · 2. richtig · 3. falsch · 4. falsch

B2

1., 3. und 4. sind richtig.

B3

1. ❥ 去大学怎么走？

   Qù dàxué zěnme zǒu?

   ❥ 你往前走，在第一个路口往右拐，大学就在你的右边。

   Nǐ wǎng qián zǒu, zài dì-yī ge lùkǒu wǎng yòu guǎi, dàxué jiù zài nǐ de yòubiān.

2. ❥ 去大众公司怎么走？

   Qù Dàzhòng gōngsī zěnme zǒu?

   ❥ 你往前走，往右拐，在第二个路口往右拐，

   Nǐ wǎng qián zǒu, wǎng yòu guǎi, zài dì-èr ge lùkǒu wǎng yòu guǎi,

   再走一点，对面就是大众公司。

   zài zǒu yìdiǎn, duìmiàn jiù shì Dàzhòng gōngsī.

3. ❥ 去公共厕所怎么走？

   Qù gōnggòng cèsuǒ zěnme zǒu?

   ❥ 你往右拐，往前走，在第二个路口往对面走，

   Nǐ wǎng yòu guǎi, wǎng qián zǒu, zài dì-èr ge lùkǒu wǎng duìmiàn zǒu,

   再往前走，往右拐，公共厕所就在对面。

   zài wǎng qián zǒu, wǎng yòu guǎi, gōnggòng cèsuǒ jiù zài duìmián.

4. ❥ 去咖啡馆怎么走？

   Qù kāfēiguǎn zěnme zǒu?

   ❥ 你往前走，在第二个路口往左拐，

   Nǐ wǎng qián zǒu, zài dì-èr ge lùkǒu wǎng zuǒ guǎi,

   再往前走，右面就是咖啡馆。

   zài wǎng qián zǒu, yòumiàn jiù shì kāfēiguǎn.

5. ❥ 去银行怎么走？

   Qù yínháng zěnme zǒu?

   ❥ 你往左拐，往前走，在第二个路口往对面走，

   Nǐ wǎng zuǒ guǎi, wǎng qián zǒu, zài dì-èr ge lùkǒu wǎng duìmiàn zǒu,

   再往前走，银行在你的右边。

   zài wǎng qián zǒu, yínháng zài nǐ de yòubiān.

4b

Zeichen	Radikal
左	工
贡	工
功	工

C3

坐 (zuò) · 去 (qù) · 上车 (shàng chē) · 下车 (xià chē) · 在 (zài) · 外面 (wàimiàn)

C4

„Ich" fährt mit der U-Bahn.

C5

🗨 你好！
Nǐ hǎo!

🗨 你好！
Nǐ hǎo!

🗨 你想去哪儿？
Nǐ xiǎng qù nǎr?

🗨 我想去外滩。
Wǒ xiǎng qù Wàitān.

🗨 请上车。
Qǐng shàng chē.

🗨 外滩离这儿远吗？
Wàitān lí zhèr yuǎn ma?

🗨 外滩离这儿不远。
Wàitān lí zhèr bù yuǎn.

🗨 外滩在什么路上？
Wàitān zài shénme lù shàng?

🗨 外滩在南京东路上。
Wàitān zài Nánjīng Dōng lù shàng.

🗨 我们到了外滩，39 元。
Wǒmen dàole Wàitān, 39 yuán.

🗨 给你钱，谢谢你。
Gěi nǐ qián, xièxie nǐ.

C6

站

9 去商店买东西

Auftaktübung

1. jiàn · 2. tiáo · 3. jiàn · 4. tiáo · 5. jiàn · 6. shuāng · 7. jiàn

A1

Siehe Transkriptionen im Kursbuch.

A5

1. 着 (zhe) · 2. 着 (zhe) · 3. 了 (le) · 4. 着 (zhe)

B1a

Siehe Transkriptionen im Kursbuch.

B1c

1. richtig · 2. falsch · 3. richtig · 4. falsch

B2 a
Die Attributpartikel 的 (de) steht **vor** dem Attribut. Das 的 (de) bezieht sich auf 衣服 (yīfu).

B2 b
1. 红的 (hóng de) · 2. 德国的 (Déguó de) · 3. 辣的 (là de) · 4. 小的 (xiǎo de)

B3
♪ 他穿着蓝色的上衣，蓝色的裤子。
  Tā chuānzhe lánsè de shàngyī, lánsè de kùzi.

♪ 她穿着红色的裙子。
  Tā chuānzhe hóngsè de qúnzi.

♀ 她穿着黄色的衣服，白色的裤子。
  Tā chuānzhe huángsè de yīfu, báisè de kùzi.

B4
星期三她穿衬衫和牛仔裤去工作.
Xīngqīsān tā chuān chènshān hé niúzǎikù qù gōngzuò.

B5
1. 你买了几件T恤？　　　　　　　Nǐ mǎile jǐ jiàn T-xù?
2. 我想试一试。　　　　　　　　　Wǒ xiǎng shì yi shì.
3. 太贵了，能不能便宜一点？　　Tài guì le, néng bu néng piányi yìdiǎn?
4. 你喜欢什么颜色？　　　　　　　Nǐ xǐhuan shénme yánsè?
5. 您的毛衣很漂亮。　　　　　　　Nín de máoyī hěn piàoliang.
6. 我要大号的衣服。　　　　　　　Wǒ yào dà hào de yīfu.

B6 b

Zeichen	Radikal	Zeichen	Radikal
着	羊	美	羊
补	衤	衫	衤
牛	牛	牲	牛
靴	革	鞍	革
羚	羊	犁	牛
袋	衣	鞋	革

C1 b
1. 西红柿　　　　6. 青椒
   xīhóngshì　　　qīngjiāo

C3
1. 蔬菜 (shūcài) / 一斤黄瓜 (yì jīn huángguā)
2. 西红柿 (xīhóngshì) / 太贵了 (tài guì le)

3. 水果 (shuǐguǒ) / 葡萄 (pútao)
4. 一斤 (yì jīn) / 一公斤 (yì gōngjīn) / 一公斤 (yì gōngjīn)

C4

❥ 你好！你要买什么？
Nǐ hǎo! Nǐ yào mǎi shénme?

❥ 我想买水果，苹果多少钱一斤？
Wǒ xiǎng mǎi shuǐguǒ, píngguǒ duōshao qián yì jīn?

❥ 苹果10元一斤。
Píngguǒ 10 yuán yì jīn.

❥ 太贵了，能不能便宜一点？
Tài guì le, néng bu néng piányi yìdiǎn?

❥ 苹果很好，不能便宜。
Píngguǒ hěn hǎo, bù néng piányi.

❥ 你看，旁边的商店也有苹果。
Nǐ kàn, pángbiān de shāngdiàn yě yǒu píngguǒ.

❥ 8元 一斤，怎么样？
8 yuán yì jīn, zěnmeyàng?

❥ 我买两斤苹果。
Wǒ mǎi liǎng jīn píngguǒ.

❥ 一共16元。
Yígòng 16 yuán.

❥ 给你20元。
Gěi nǐ 20 yuán.

❥ 找你4元。
Zhǎo nǐ 4 yuán.

C5
蛋

10 学习汉语

Auftaktübung b
Siehe Transkriptionen im Kursbuch.

A1b
读课文 (dú kèwén) · 去学校 (qù xuéxiào) · 问问题 (wèn wèntí) ·
讲课文 (jiǎng kèwén) · 考试 (kǎoshì) · 写汉字 (xiě Hànzì)

A1 c
1. richtig · 2. falsch · 3. richtig · 4. falsch

A3
1. 他在北京住了三天。 Tā zài Běijīng zhùle sān tiān.
2. 她读了半个小时的课文。 Tā dúle bàn ge xiǎoshí de kèwén.
3. 王刚学习了两年的德语。 Wáng Gāng xuéxíle liǎng nián de Déyǔ.
4. 今天上午他记了一个小时的生词。 Jīntiān shàngwǔ tā jìle yí ge xiǎoshí de shēngcí.

A4 a
Zu hören sind:
汉语 (Hànyǔ), 课文 (kèwén), 生词 (shēngcí), 汉字 (hànzì), 练习 (liànxí), 问题 (wèntí)

A4 b
3. Unterricht

A5
1. 这个字是什么意思?
   Zhè ge zì shì shénme yìsi?

2. 在汉语课上我学习语法，回答问题，读课文。
   Zài Hànyǔ kè shàng wǒ xuéxí yǔfǎ, huídá wèntí, dú kèwén.

3. 每个星期我上四个小时的汉语课。
   Měi ge xīngqī wǒ shàng sì ge xiǎoshí de Hànyǔ kè.

4. 我写汉字，我的考试成绩很好。
   Wǒ xiě Hànzì, wǒ de kǎoshì chéngjī hěn hǎo.

5. 你在家怎么练习汉语?
   Nǐ zài jiā zěnme liànxí Hànyǔ?

B1 b
一年半的 (yì nián bàn de) · 觉得 (juéde) · 难 (nán) · 容易 (róngyì) · 慢一点 (màn yìdiǎn) · 懂 (dǒng) · 普通话 (Pǔtōnghuà) · 得慢一点 (de màn yìdiǎn)

B2
„Ich" soll dieses Studienjahr gut nutzen: mehr Schriftzeichen lernen, mehr Vokabeln beherrschen, mehr Chinesisch sprechen, mehr Übungen machen und die Chinesischprüfung bestehen.

B3
♦ 你学了多长时间的汉语?
   Nǐ xuéle duōcháng shíjiān de Hànyǔ?

♦ 我学了一年半的汉语了。
   Wǒ xuéle yì nián bàn de Hànyǔ le.

♦ 为什么你学习汉语?
   Wèishéme nǐ xuéxí Hànyǔ?

- 我想去中国工作。
  Wǒ xiǎng qù Zhōngguó gōngzuò.

- 你的汉语很好。
  Nǐ de Hànyǔ hěn hǎo.

- 那里，每个星期我去上汉语课。
  Nàlǐ, měi ge xīngqī wǒ qù shàng Hànyǔ kè.

- 汉语难不难？
  Hànyǔ nán bu nán?

- 汉语的语法很容易，发音很难。
  Hànyǔ de yǔfǎ hěn róngyi, fāyīn hěn nán.

- 你会写汉字吗？
  Nǐ huì xiě Hànzì ma?

- 我很喜欢写汉字，每天我写一个半小时的汉字。
  Wǒ hěn xǐhuan xiě Hànzì, měitiān wǒ xiě yí ge bàn xiǎoshí de Hànzì.

- 这个字是什么意思？
  Zhè ge zì shì shénme yìsi?

- …

- 真好。
  Zhēn hǎo.

- 那里，那里。
  Nàlǐ, nàlǐ.

11 爱好

Auftaktübung
Siehe Transkriptionen im Kursbuch.

A1b

Medien:	唱歌 chàng gē	看电影 kàn diànyǐng	看电视 kàn diànshì		
Sport:	游泳 yóu yǒng	骑自行车 qí zìxíngchē	练功夫 liàn gōngfu	跳舞 tiào wǔ	打篮球 dǎ lánqiú
	踢足球 tī zúqiú	打乒乓球 dǎ pīngpāngqiú	打太极拳 dǎ tàijíquán	跑步 pǎo bù	散步 sàn bù
Musik:	听音乐 tīng yīnyuè	唱歌 chàng gē			
Sonstige:	喝茶 hē chá	看书 kàn shū	喝咖啡 hē kāfēi	约会 yuē huì	

B1 c

唱歌 (chàng gē) · 跳舞 (tiào wǔ) · 爱好 (àihào) · 运动 (yùndòng) · 练功夫 (liàn gōngfu) · 游泳 (yóu yǒng) · 足球 (zúqiú)

B2

Lǐ Nán: Filme gucken, mit Freunden Kaffee trinken und in der Disco tanzen
Martin: Fußball spielen, schwimmen, Chinesisch und Japanisch kochen
Wáng Gāng: Basketball und Tischtennis spielen

B3

1. 他看了两遍这本书。
   Tā kànle liǎng biàn zhè běn shū.

2. 每个月弟弟踢五次足球。
   Měi ge yuè dìdi tī wǔ cì zúqiú.

3. 我读了四遍课文。
   Wǒ dúle sì biàn kèwén.

4. 我的朋友每个星期跑三次步。
   Wǒ de péngyou měi ge xīngqī pǎo sān cì bù.

5. 今天我散了一次步。
   Jīntiān wǒ sànle yí cì bù.

C1 b

1. falsch · 2. richtig · 3. richtig · 4. falsch · 5. richtig

C2

1. 王刚吃饭吃得很快。
   Wáng Gāng chī fàn chī de hěn kuài.

2. 妈妈打太极拳打得很慢。
   Māma dǎ tàijíquán dǎ de hěn màn.

3. 学生们看书看得很多。
   Xuéshēngmen kàn shū kàn de hěn duō.

4. 他走路走得很着急。
   Tā zǒu lù zǒu de hěn zháojí.

5. 约翰跑步跑得很慢。
   Yuēhàn pǎo bù pǎo de hěn màn.

6. 姐姐踢足球踢得很高兴。
   Jiějie tī zúqiú tī de hěn gāoxìng.

C3

Der „Ich-Erzähler" hat in China Gefallen an Kungfu und Tischtennis gefunden und Taijiquan und Tischtennisspielen gelernt.

C4

❥ 你几岁的时候开始唱卡拉 OK?
  Nǐ jǐ suì de shíhou kāishǐ chàng kǎlā OK?

❥ 我十岁的时候开始唱卡拉OK。
  Wǒ shí suì de shíhou kāishǐ chàng kǎlā OK.

❥ 你几岁的时候开始游泳?
  Nǐ jǐ suì de shíhou kāishǐ yóu yǒng?

❥ 我十五岁的时候开始游泳。
  Wǒ shíwǔ suì de shíhou kāishǐ yóu yǒng.

❥ 你几岁的时候开始打乒乓球?
  Nǐ jǐ suì de shíhou kāishǐ dǎ pīngpāngqiú?

❥ 我四十六岁的时候开始打乒乓球。
  Wǒ sìshíliù suì de shíhou kāishǐ dǎ pīngpāngqiú.

❥ 你几岁的时候开始练功夫?
  Nǐ jǐ suì de shíhou kāishǐ liàn gōngfu?

❥ 我九岁的时候开始练功夫。
  Wǒ jiǔ suì de shíhou kāishǐ liàn gōngfu.

❥ 你几岁的时候开始踢足球?
  Nǐ jǐ suì de shíhou kāishǐ tī zúqiú?

❥ 我十八岁的时候开始踢足球。
  Wǒ shíbā suì de shíhou kāishǐ tī zúqiú.

❥ 你几岁的时候开始跑步?
  Nǐ jǐ suì de shíhou kāishǐ pǎo bù?

❥ 我二十二岁的时候开始跑步。
  Wǒ èrshí'èr suì de shíhou kāishǐ pǎo bù.

❥ 你几岁的时候开始打太极拳?
  Nǐ jǐ suì de shíhou kāishǐ dǎ tàijíquán?

❥ 我五十五岁的时候开始打太极拳。
  Wǒ wǔshíwǔ suì de shíhou kāishǐ dǎ tàijíquán.

C5

❥ 你的爱好是什么?
  Nǐ de àihào shì shénme?

❥ 我的爱好是游泳。
  Wǒ de àihào shì yóu yǒng.

❥ 你游泳游得很好。
  Nǐ yóu yǒng yóu de hěn hǎo.

- 哪里，哪里。
  Nǎlǐ, nǎlǐ.

- 每个星期你游几次泳？
  Měi ge xīngqī nǐ yóu jǐ cì yǒng?

- 每个星期我游两次泳。
  Měi ge xīngqī wǒ yóu liǎng cì yǒng.

- 你几岁的时候开始游泳？
  Nǐ jǐ suì de shíhou kāishǐ yóu yǒng?

- 我十三岁的时候开始游泳。
  Wǒ shísān suì de shíhou kāishǐ yóu yǒng.

- 为什么很多人喜欢游泳？
  Wèishéme hěn duō rén xǐhuan yóu yǒng?

- 游泳是一种健康运动。
  Yóu yǒng shì yì zhǒng jiànkāng yùndòng.

- 你还对什么感兴趣？
  Nǐ hái duì shénme gǎn xìngqù?

- 我对音乐、跑步感兴趣。
  Wǒ duì yīnyuè、pǎo bù gǎn xìngqù.

- 我也对音乐感兴趣，我们能不能一起去听音乐？
  Wǒ yě duì yīnyuè gǎn xìngqù, wǒmen néng bu néng yìqǐ qù tīng yīnyuè?

- 当然行。
  Dāngrán xíng.

12 邀请和祝贺

Auftaktübung b
Siehe Transkriptionen im Kursbuch.

A1
1. Li Li spricht auf den Anrufbeantworter und begrüßt Wang Gang.
2. Sie möchte Wang Gang zu ihrer Geburtstagsparty einladen.

A2 b
1. 生日晚会的邀请
   shēngrì wǎnhuì de yāoqǐng

2. 朋友
   péngyou

3. 在李莉的家
zài Lǐ Lì de jiā

A3

🗣 你邀请我去你家做什么？
Nǐ yāoqǐng wǒ qù nǐ jiā zuò shénme?

🗣 你邀请我去酒吧做什么？
Nǐ yāoqǐng wǒ qù jiǔba zuò shénme?

🗣 你邀请我去学校做什么？
Nǐ yāoqǐng wǒ qù xuéxiào zuò shénme?

🗣 你邀请我去柏林做什么？
Nǐ yāoqǐng wǒ qù Bólín zuò shénme?

🗣 我邀请你看电视。
Wǒ yāoqǐng nǐ kàn diànshì.

🗣 我邀请你喝酒。
Wǒ yāoqǐng nǐ hē jiǔ.

🗣 我邀请你看足球比赛。
Wǒ yāoqǐng nǐ kàn zúqiú bǐsài.

🗣 我邀请你听音乐。
Wǒ yāoqǐng nǐ tīng yīnyuè.

A5

Der Mann möchte auch an der Geburtstagsparty teilnehmen.

A6 b

1. 王不能参加生日晚会
   Wáng bù néng cānjiā shēngrì wǎnhuì

2. 王明写给李莉
   Wáng Míng xiě gěi Lǐ Lì

3. 出差
   chū chāi

B1 b

1. A · 2. B · 3. B · 4. A · 5. A

B2

1. 新年晚会 (xīnnián wǎnhuì)
2. 祝大家 (zhù dàjiā)
3. 新年快乐 (xīnnián kuàile) / 万事如意 (wànshì-rúyì)

C1 a

1. 李莉过生日，星期六她过生日。
   Lǐ Lì guò shēngrì, xīngqīliù tā guò shēngrì.

2. 朋友们想送她一张生日卡和一个蛋糕。
   Péngyoumen xiǎng sòng tā yì zhāng shēngrì kǎ hé yí ge dàn'gāo.

3. 他们在生日晚会上吃饭、喝饮料、唱歌、聊天。
   Tāmen zài shēngrì wǎnhuì shàng chī fàn、hē yǐnliào、chàng gē、liáo tiān.

C2

这个女的想送丈夫礼物.她送红包.
Zhè ge nǚ de xiǎng sòng zhàngfu lǐwù. Tā sòng hóngbāo.

C4

♪ 欢迎，请进。
Huānyíng, qǐng jìn.

♪ 谢谢，祝你生日快乐，这是给你的礼物。
Xièxie, zhù nǐ shēngrì kuàilè, zhè shì gěi nǐ de lǐwù.

♪ 谢谢你的礼物，我真不好意思。请坐，请喝啤酒。
Xièxie nǐ de lǐwù, wǒ zhēn bù hǎoyìsi. Qǐng zuò, qǐng hē píjiǔ.

♪ 谢谢，我最喜欢喝啤酒。
Xièxie, wǒ zuì xǐhuan hē píjiǔ.

♪ 今天我有很多啤酒，我们先喝啤酒，聊天，然后吃饭。
Jīntiān wǒ yǒu hěn duō píjiǔ, wǒmen xiān hē píjiǔ, liáo tiān, ránhòu chī fàn.

♪ 今天我不能喝啤酒，我得开车回家。
Jīntiān wǒ bù néng hē píjiǔ, wǒ děi kāi chē huí jiā.

♪ 现在我们一起吃饭。
Xiànzài wǒmen yìqǐ chī fàn.

♪ 今天我过得很开心，现在我想回家。
Jīntiān wǒ guò de hěn kāixīn, xiànzài wǒ xiǎng huí jiā.

♪ 谢谢你参加我的生日晚会。
Xièxie nǐ cānjiā wǒ de shēngrì wǎnhuì.

C5

田 – 男
耳 – 聊
弓 – 张

13 在火车站和机场

Auftaktübung
Siehe Transkriptionen im Kursbuch.

A1b
车次 (chēcì) · 发车站 (fāchē zhàn) · 到达站 (dàodá zhàn) · 时间 (shíjiān) · 高铁 (gāotiě)
动车 (dòngchē) · 小时 (xiǎoshí) · 运行时间 (yùnxíng shíjiān) · 空调快车 (kōngtiáo kuàichē)

B1a
1. falsch · 2. falsch · 3. falsch · 4. falsch · 5. richtig

B2
♪ 你坐一等座还是二等座?　　　　　　♪ 我坐一等座。
Nǐ zuò yì děng zuò háishi èr děng zuò?　　Wǒ zuò yì děng zuò.

❷ 一等座比二等座贵。
Yì děng zuò bǐ èr děng zuò guì.

❷ 你坐汽车还是火车？
Nǐ zuò qìchē háishi huǒchē?

❷ 我坐汽车。
Wǒ zuò qìchē.

❷ 汽车比火车慢。
Qìchē bǐ huǒchē màn.

❷ 你买硬卧票还是软卧票？
Nǐ mǎi yìngwò piào háishi ruǎnwò piào?

❷ 我买硬卧票。
Wǒ mǎi yìngwò piào.

❷ 硬卧票比软卧票便宜。
Yìngwò piào bǐ ruǎnwò piào piányi.

❷ 你买单程票还是往返票？
Nǐ mǎi dānchéng piào háishi wǎngfǎn piào?

❷ 我买单程票。
Wǒ mǎi dānchéng piào.

❷ 单程票比往返票好。
Dānchéng piào bǐ wǎngfǎn piào hǎo.

B3
Die Wörter 2. und 9. sind zu hören.

C1 b
1. 箱子 / 护照 / 登机牌
   xiāngzi / hùzhào / dēngjī pái

2. 帮助 / 机场
   bāngzhù / jīchǎng

3. 平安
   píng'ān

C2
1. 什么时候你去机场？
   Shénme shíhou nǐ qù jīchǎng?

2. 这是我的护照。
   Zhè shì wǒ de hùzhào.

3. 我有两个箱子，一个大箱子，一个小箱子。
   Wǒ yǒu liǎng ge xiāngzi, yí ge dà xiāngzi, yí ge xiǎo xiāngzi.

4. 这是我的登机牌，座位号是38F。
   Zhè shì wǒ de dēngjī pái, zuòwèi hào shì 38F.

5. 祝您一路平安。
   Zhù nín yílù-píng'ān.

6. 我坐中国国际航空公司的飞机。
   Wǒ zuò Zhōngguó Guójì Hángkōng Gōngsī de fēijī.

C3
1. Flughafen
2. Bahnhof (am Gleis)
3. U-Bahn

C4

听说，你明天回中国。
Tīng shuō, nǐ míngtiān huí Zhōngguó.

是，我在德国学习了一个星期，明天我回中国。
Shì, wǒ zài Déguó xuéxíle yí ge xīngqí, míngtiān wǒ huí Zhōngguó.

明天我有时间，我能送你去机场。
Míngtiān wǒ yǒu shíjiān, wǒ néng sòng nǐ qù jīchǎng.

真好，谢谢你。
Zhēn hǎo, xièxie nǐ.

你有几个箱子?
Nǐ yǒu jǐ ge xiāngzi?

我们两个人，有四个箱子。
Wǒmen liǎng ge rén, yǒu sì ge xiāngzi.

明天我开车来你这那儿。
Míngtiān wǒ kāi chē lái nǐ nàr.

请你明天晚上18点来我这儿。
Qǐng nǐ míngtiān wǎnshàng 18 diǎn lái wǒ zhèr.

在飞机场
Zài fēijīchǎng

谢谢你的帮助。
Xièxie nǐ de bāngzhù.

不客气，祝你们一路平安。
Bú kèqi, zhù nǐmen yílù-píng'ān.

祝你生活幸福。
Zhù nǐ shēnghuó xìngfú.

C5
航 · 舱 · 牌

14 天气和季节

Auftaktübung
Siehe Transkriptionen im Kursbuch.

A1a

 冬天、雪

秋天、风、雨

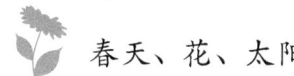 春天、花、太阳

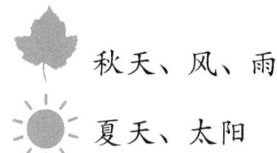 夏天、太阳

A1b

四季 (sìjì) · 花儿 (huār) · 太阳 (tàiyáng) · 风 (fēng) · 雨 (yǔ) · 大雪 (dàxuě)

A2a

Zu hören sind: 风 (fēng) / 雨 (yǔ) / 冬天 (dōngtiān) / 秋天 (qiūtiān)

A3

雪 · 飘

B2b

1. richtig · 2. falsch · 3. richtig · 4. falsch

B4b

阴天 (yīn tiān) / 刮风 (guā fēng) / 下雨 (xià yǔ) / 虽然…但是… (suīrán…dànshì…) / 地方 (dìfāng)

B5a

要 (yào) steht **vor** dem Verb, 了 (le) steht **am Satzende**.

B5b

1. 要下雨了，我们快走吧。
   Yào xià yǔ le, wǒmen kuài zǒu ba.

2. 他学完汉语了，要去上海了。
   Tā xuéwán Hànyǔ le, yào qù Shànghǎi le.

3. 春天要来了，我们很高兴。
   Chūntiān yào lái le, wǒmen hěn gāoxìng.

B6

Es geht um Peking. Man sollte im Herbst nach Peking reisen, weil diese dort die schönste Jahreszeit ist.

B7

1. 今天的天气怎么样？
   Jīntiān de tiānqì zěnmeyàng?

   今天的天气很冷，没有太阳，有风和雪。
   Jīntiān de tiānqì hěn lěng, méiyǒu tàiyáng, yǒu fēng hé xuě.

2. 明天的天气怎么样?
Míngtiān de tiānqì zěnmeyàng?

明天的天气很热，有很多太阳，没有风。
Míngtiān de tiānqì hěn rè, yǒu hěn duō tàiyáng, méiyǒu fēng.

C1
Siehe Transkriptionen im Kursbuch.

C2
1. c. · 2. a. · 3. d. · 4. b.

C4
今天刮风,下雨了.今天下午阴转多云.
Jīntiān guā fēng, xià yǔ. Jīntiān xiàwǔ yīn zhuǎn duōyún.

C6
❯ 我想去德国旅游，德国的天气怎么样?
Wǒ xiǎng qù Déguó lǚyóu, Déguó de tiānqì zěnmeyàng?

❯ 什么时候你想去德国旅游?
Shénme shíhou nǐ xiǎng qù Déguó lǚyóu?

❯ 四月份我想去德国旅游。
Sì yuèfèn wǒ xiǎng qù Déguó lǚyóu.

❯ 在德国四月份的天气很不好，常常会下雪，刮风，下雨。
Zài Déguó sì yuèfèn de tiānqì hěn bù hǎo, chángcháng huì xià xuě, guā fēng, xià yǔ.

❯ 什么时候去德国旅游最好?
Shénme shíhou qù Déguó lǚyóu zuì hǎo?

❯ 八月份德国的天气很好，你最好八月去德国。
Bā yuèfèn Déguó de tiānqì hěn hǎo, nǐ zuì hǎo bā yuè qù Déguó

15 看病

Auftaktübung und A1
Siehe Transkriptionen im Kursbuch.

A2
1. 身体 (shēntǐ) · 2. 游泳 (yóu yǒng) · 3. 散步 (sàn bù) · 4. 感到 (gǎndào) · 5. 舒服 (shūfu) ·
6. 头 (tóu) · 7. 腰 (yāo)

A3
1. 我脚疼，我不能跟你们去买东西。
Wǒ jiǎo téng, wǒ bù néng gēn nǐmen qù mǎi dōngxi.

2. 现在我不舒服，我想回家。
   Xiànzài wǒ bù shūfu, wǒ xiǎng huí jiā.

3. 我的头很疼，我不能看书。
   Wǒ de tóu hěn téng, wǒ bù néng kàn shū.

4. 今天的天气不好，我的腰很疼。
   Jīntiān de tiānqì bù hǎo, wǒ de yāo hěn téng.

5. 你的身体怎么样？
   Nǐ de shēntǐ zěnmeyàng?

6. 每天我都运动，我的身体很好。
   Měitiān wǒ dōu yùndòng, wǒ de shēntǐ hěn hǎo.

A4
月：腰 · 肚 · 腿 肩 胳 膊 膝 脚 服
广：疼

B1
1. d. · 2. f. · 3. a. · 4. e. · 5. b. · 6. c.

B2 a
1. falsch · 2. falsch · 3. richtig · 4. richtig · 5. falsch

B3
Zu hören sind: 头疼 (tóu téng), 发烧 (fā shāo), 呕吐 (ǒutù), 感冒 (gǎnmào), 药 (yào)

B4
◦ 医生，我不舒服。
  Yīshēng, wǒ bù shūfu.

◦ 您睡觉睡得好吗？
  Nín shuì jiào shuì de hǎo ma?

◦ 我睡觉睡得很好，我肚子疼。
  Wǒ shuì jiào shuì de hěn hǎo, wǒ dùzi téng.

◦ 您拉肚子了没有？
  Nín lā dùzi le méiyǒu?

◦ 我拉了两次肚子。
  Wǒ lāle liǎng cì dùzi.

◦ 您呕吐了没有？
  Nín ǒutù le méiyǒu?

◦ 没有。
  Méiyǒu.

◦ 我给您开药，您得每天吃三次。
  Wǒ gěi nín kāi yào, nín děi měitiān chī sān cì.

● 医生，我不能去上班，我需要一张病假条。
Yīshēng, wǒ bù néng qù shàng bān, wǒ xūyào yì zhāng bìngjià tiáo.

● 我给您开两天病假。
Wǒ gěi nín kāi liǎng tiān bìngjià.

● 谢谢您。
Xièxiè nín.

● 现在很多人拉肚子，您要常常洗手。
Xiànzài hěn duō rén lā dùzi, nín yào chángcháng xǐ shǒu.

C1

起床 / 身体 / 请假条 / 去 / 让 / 睡觉 / 恢复健康
qǐ chuáng / shēntǐ / qǐngjià tiáo / qù / ràng / shuì jiào / huīfù jiànkāng

C2 a

正在 (zhèngzài) bzw. 在 (zài) steht vor dem Verb.

C2 b

1. 别去他那儿，他正在睡觉。
Bié qù tā nàr, tā zhèngzài shuì jiào.

2. 老师正在讲课，我们不能聊天。
Lǎoshī zhèngzài jiǎng kè, wǒmen bù néng liáo tiān.

3. 你看，医生正在开病假条。
Nǐ kàn, yīshēng zhèngzài kāi bìngjià tiáo.

4. 他正在工作，不能去游泳。
Tā zhèngzài gōngzuò, bù néng qù yóu yǒng.

C3 a

Mit der Partikel 地 (de) bildet man aus einem Adjektiv eine Adverbialbestimmung, die ausdrückt, auf welche Art und Weise man etwas tut oder wie eine Handlung vor sich geht. Die Adverbialbestimmung steht **vor dem Verb**.

C3 b

1. d. · 2. e. · 3. b. · 4. c. · 5. a.

C4

1. 儿子病了。 (Érzi bìng le.)
2. 他拉肚子。 (Tā lā dùzi.)

C5

● 为什么你没有上班?
Wèishéme nǐ méiyǒu shàng bān?

- 我不舒服。
  Wǒ bù shūfu.

- 为什么你吃药？
  Wèishéme nǐ chī yào?

- 我发烧了。
  Wǒ fā shāo le.

- 为什么你请假？
  Wèishéme nǐ qǐngjià?

- 我感冒了。
  Wǒ gǎnmào le.

- 为什么你不吃东西？
  Wèishéme nǐ bù chī dōngxi?

- 我拉肚子了。
  Wǒ lā dùzi le.

- 为什么你现在睡觉？
  Wèishéme nǐ xiànzài shuì jiào?

- 我头疼。
  Wǒ tóu téng.

- 为什么你去看病？
  Wèishéme nǐ qù kàn bìng?

- 我生病了。
  Wǒ shēng bìng le.

16 互联网和电子邮件

Auftaktübung
Siehe Transkriptionen im Kursbuch.

A1
1. 桌子 (zhuōzi) · 2. 电脑 (diànnǎo) · 3. 手机卡 (shǒujī kǎ) · 4. 椅子 (yǐzi) · 5. 打印机 (dǎyìnjī)

A2 a
1. falsch · 2. richtig · 3. richtig

B1 a
1. 女的想用男的电脑。
  Nǚ de xiǎng yòng nán de diànnǎo.

2. 女的每天收到很多电子邮件。
   Nǚ de měitiān shōudào hěn duō diànzǐ yóujiàn.

3. 它们是从中国和德国来的。
   Tāmen shì cóng Zhōngguó hé Déguó lái de.

4. 人们在网上可以转送信息。
   Rénmen zài wǎng shàng kěyǐ chuǎnsòng xìnxī.

5. 男的想给女的电子邮箱地址。
   Nán de xiǎng gěi nǚ de diànzǐ yóuxiāng dìzhǐ.

B2 a
Um eine gewisse Erfahrung als in der Vergangenheit erlebt auszudrücken, verwendet man die Partikel 过 (guo). Sie steht direkt **hinter dem Verb**.

B2 b

你发过电子邮件吗？
Nǐ fāguo diànzǐ yóujiàn ma?

我发过电子邮件。
Wǒ fāguo diànzǐ yóujiàn.

你看过美国新闻吗？
Nǐ kànguo Měiguó xīnwén ma?

我没有看过美国新闻。
Wǒ méiyǒu kànguo Měiguó xīnwén.

你跟朋友在网上聊过天吗？
Nǐ gēn péngyou zài wǎng shàng liáoguo tiān ma?

我跟朋友在网上没有聊过天。
Wǒ gēn péngyou zài wǎng shàng méiyǒu liáoguo tiān.

你吃过中国饭吗？
Nǐ chīguo Zhōngguó fàn ma?

我吃过中国饭。
Wǒ chīguo Zhōngguó fàn.

你用过打印机吗？
Nǐ yòngguo dǎyìnjī ma?

我用过打印机。
Wǒ yòngguo dǎyìnjī

你参加过足球比赛吗？
Nǐ cānjiāguo zúqiú bǐsài ma?

我没有参加过足球比赛。
Wǒ méiyǒu cānjiāguo zúqiú bǐsài.

你学过法语吗？
Nǐ xuéguo Fǎyǔ ma?

我没有学过法语。
Wǒ méiyǒu xuéguo Fǎyǔ.

B3
Zu hören sind: 中国 (Zhōngguó), 美国 (Měiguó), 信息 (xìnxī), 新闻 (xīnwén), 文件 (wénjiàn)

C1 b

和谐	帮助	整理	文件	电子邮件	感谢
héxié	bāngzhù	zhěnglǐ	wénjiàn	diànzǐ yóujiàn	gǎnxiè

C2
Es geht darum, sich zu bedanken.

C3

● 我们我学习的很快，你看，这本书已经学完了。
Wǒmen xuéxí de hěn kuài, nǐ kàn, zhè běn shū yǐjīng xuéwán le.

● 是的，我们大家都学得很多，现在我们能用电脑写汉字了。
Shì de, wǒmen dàjiā dōu xué de hěn duō, xiànzài wǒmen néng yòng diànnǎo xiě Hànzì le.

● 你还想学习汉语吗？
Nǐ hái xiǎng xuéxí Hànyǔ ma?

● 想，我还想在网上学习汉语。
Xiǎng, wǒ hái xiǎng zài wǎng shàng xuéxí Hànyǔ.

● 在网上有很多学习汉语的信息。
Zài wǎng shàng yǒu hěn duō xuéxí Hànyǔ de xìnxī.

● 你能不能用电子邮件给我传送这些信息。
Nǐ néng bu néng yòng diànzǐ yóujiàn gěi wǒ chuánsòng zhè xiē xìnxī.

● 请你告诉我你的电子邮箱地址。
Qǐng nǐ gàosù wǒ nǐ de diànzǐ yóuxiāng dìzhǐ.

● 这是我的名片，这儿是我的电子邮箱地址。
Zhè shì wǒ de míngpiàn, zhèr shì wǒ de diànzǐ yóuxiāng dìzhǐ.

● 你会收到我的电子邮件。
Nǐ huì shōudào wǒ de diànzǐ yóujiàn.

C4 b

Zeichen	Radikal	Aussprache	Bedeutung
1. 新	斤	xīn	neu
2. 所	斤	suǒ	Sitz, Stelle
3. 翻	羽	fān	umdrehen
4. 福	礻	fú	Glück
5. 票	示	piào	Ticket

Lösungen zum Übungsbuch

1 您好!

A2 und A3
Siehe Transkriptionen im Kursbuch.

A4
1. d. · 2. e. · 3. b. · 4. f. · 5. c. · 6. a.

A6 b

Zeichen	Anzahl der Striche
您	11
我	7
不	4

B1 – B3
Siehe Transkriptionen im Kursbuch.

B4
Li Li: 2., 4., 5., 7., 9.
Johann: 1., 4., 6., 10.
keiner: 3., 8.

B5
1. 你好吗?　　Nǐ hǎo ma?
2. 你饿吗?　　Nǐ è ma?
3. 你忙吗?　　Nǐ máng ma?
4. 您好吗?　　Nín hǎo ma?
5. 您累吗?　　Nín lèi ma?

B6 b

Zeichen	Anzahl der Striche
见	4
忙	6
吗	6
好	6
很	9
饿	10

渴	12
累	11
虎	8

B7

1. ● 你好吗? Nǐ hǎo ma?
   ● 我很好。 Wǒ hěn hǎo.
2. ● 你累吗? Nǐ lèi ma?
   ● 我很累。 Wǒ hěn lèi.
3. ● 你饿吗? Nǐ è ma?
   ● 我不饿。 Wǒ bú è.
4. ● 你忙吗? Nǐ máng ma?
   ● 我不忙。 Wǒ bù máng.
5. ● 你渴吗? Nǐ kě ma?
   ● 我不渴。 Wǒ bù kě.

B9

Personalpronomen: 我 (wǒ)　你 (nǐ)　您 (nín)
Adjektive: 好 (hǎo)　饿 (è)　累 (lèi)　渴 (kě)　忙 (máng)

2 我介绍一下

A1 und A2
Siehe Transkriptionen im Kursbuch.

A4
1. 您贵姓? Nín guì xìng?
2. 我叫XXX。 Wǒ jiào XXX.
3. 我姓XXX。 Wǒ xìng XXX.
4. 我是XXX。 Wǒ shì XXX.

B1 und B2
Siehe Transkriptionen im Kursbuch / Übungsbuch.

B4
1. e. · 2. a. · 3. b. · 4. f. · 5. d. · 6. c.

B5

1. c. qǐng wèn　darf ich fragen
2. a. shénme　was, was für (ein)
3. d. míngzi　Name
4. b. wǒmen　wir
5. g. lǎoshī　Lehrer / in
6. h. nǐmen　ihr
7. f. xuésheng　Schüler / in
8. e. mìshū　Sekretär / in

B6

Waagerecht: 1. 老师 (lǎoshī) · 2. 秘书 (mìshū) · 3. 工程师 (gōngchéngshī) · 4. 学生 (xuésheng)
Senkrecht: 1. 学生 (xuésheng) · 2. 老师 (lǎoshī)

C1

1. falsch · 2. falsch · 3. richtig · 4. falsch · 5. richtig

C2

Zeichen	Radikal	Strichzahl des Radikals	Bedeutung des Radikals	Anzahl der restlichen Striche
朋	月	4	Mond	4
友	又	2	rechte Hand	2
字	宀	3	Dach	3
请	讠	2	sprechen	8
贵	贝	4	Muschel	5
这	辶	3	gehen	4

C3

1. 是 (shì) · 2. 学生 (xuésheng) · 3. 高兴 (gāoxìng) · 4. 的 (de) · 5. 什么 (shénme) ·
6. 老师 (lǎoshī)

C4

1. 你叫什么名字？   Nǐ jiào shénme míngzi?
2. 米勒先生，这是我的名片。   Mǐlè xiānsheng, zhè shì wǒ de míngpiàn.
3. 认识你们我很高兴。   Rènshi nǐmen wǒ hěn gāoxìng.
4. 王刚不是我的朋友。   Wáng Gāng bú shì wǒ de péngyou.
5. 我介绍一下，这是邓老师。   Wǒ jièshào yíxià, zhè shì Dèng lǎoshī.

C5

1. 这是我的朋友，他叫XXX。   Zhè shì wǒ de péngyou, tā jiào XXX.
2. 我姓XXX，叫XXX。   Wǒ xìng XXX, jiào XXX.
3. 认识你我很高兴。   Rènshi nǐ wǒ hěn gāoxìng.
4. 这是我的名片。   Zhè shì wǒ de míngpiàn.

C6

1. 我姓XXX，   Wǒ xìng XXX.
2. 我叫XXX。   Wǒ jiào XXX.
3. 我是工程师。   Wǒ shì gōngchéngshī.
4. 认识你我很高兴。   Rènshi nǐ wǒ hěn gāoxìng.
5. 这是我的名片。   Zhè shì wǒ de míngpiàn.

C7

这是名片。
马，工程师，高

C8

1. richtig · 2. richtig · 3. falsch · 4. richtig

C9

1. 姓 (xìng)   6. 贵 (guì)   11. 老 (lǎo)
2. 么 (me)   7. 绍 (shào)   12. 的 (de)
3. 字 (zi)   8. 高 (gāo)   13. 这 (zhè)
4. 他 (tā)   9. 什 (shén)   14. 她 (tā)
5. 朋 (péng)   10. 名 (míng)

3 我会说汉语

A1a

Siehe Transkriptionen im Kursbuch / Übungsbuch.

A1b

1. 这是中国，那是日本.
   Zhè shì Zhōngguó, nà shì Rìběn.

2. 德国、英国在哪儿?
   Déguó、Yīngguó zài nǎr?

3. 英国在这儿，德国在那儿.
   Yīngguó zài zhèr, Déguó zài nàr.

A3

1. b. 英国   3. e. 日本   5. a. 美国   7. h. 中国
2. d. 意大利   4. c. 法国   6. g. 德国   8. f. 西班牙

B2

Fǎguó	法国	Fǎwén	法文
Zhōngguó	中国	Zhōngwén	中文
Měiguó	美国	Yīngwén	英文
Yìdàlì	意大利	Yìdàlìwén	意大利文
Déguó	德国	Déwén	德文
Rìběn	日本	Rìwén	日文

B3

1. 汉语 · 2. 德语 · 3. 这是 · 4. 在

B4

1. 在 (zài) · 2. 吗 (ma) · 3. 一点 (yìdiǎnr) · 4. 和 (hé) · 5. 哪儿 (nǎr)

B5

1. 德国、法国在哪儿？

   Déguó、Fǎguó zài nǎr.

2. 她是哪国人？

   Tā shì nǎ guó rén?

3. 这是谁？

   Zhè shì shéi?

4. 英国在哪儿？

   Yīngguó zài nǎr?

B7

Waagerecht:

1. 他们在中国。

   Tāmen zài Zhōngguó.

2. 我会说英语。

   Wǒ huì shuō Yīngyǔ.

3. 你是中国人吗？

   Nǐ shì Zhōngguórén ma?

Senkrecht:

1. 他是英国人。

   Tā shì Yīngguórén.

2. 这是德国吗？

   Zhè shì Déguó ma?

C3

1. 德语 · 2. 柏林 · 3. 大学 · 4. 汉语, 工作

C4

1. f.	Déyǔ	Deutsch		7. k.	Déguó	Deutschland
2. a.	Běijīng	Peking		8. j.	xuéxí	lernen
3. d.	gōngzuò	arbeiten, Arbeit		9. l.	dàxué	Universität
4. e.	Zhōngguó	China		10. h.	Hànyǔ	Chinesisch
5. c.	zhèr	hier		11. g.	Rìběn	Japan
6. b.	yìdiǎn	ein bisschen		12. i.	gōngsī	Firma

C5

1. 我会说一点儿英语 。   Wǒ huì shuō yìdiǎnr Yīngyǔ.
2. 我们不是德国人。   Wǒmen bú shì Déguórén.
3. 他从哪儿来？   Tā cóng nǎr lái?
4. 我在美国学习英语。   Wǒ zài Měiguó xuéxí Yīngyǔ.
5. 意大利在哪儿？   Yìdàlì zài nǎr?

C6

1. 哪里，哪里。   Nǎlǐ, nǎlǐ.
2. 我从XXX来。   Wǒ cóng XXX lái.
3. 请问，你从哪儿来?   Qǐng wèn, nǐ cóng nǎr lái?
4. 我在大学学习。oder   Wǒ zài dàxué xuéxí. Oder
    我在大众公司工作。   Wǒ zài Dàzhòng gōngsī gōngzuò.

C7

马小龙是中国人，他在上海大众公司工作。他会说汉语、英语。
马小龙学习德语，他很忙。马小龙认识你吗?

C8

2. 请认   3. 京高   4. 汉法   5. 林柏   6. 众从

C9

1. rén   Mensch   4. cóng   aus
2. dà   groß   5. lái   kommen
3. běn   Wurzel   gemeinsame Striche: 丿 und 丶

C10

1. 和 (hé)   5. 德 (dé)   9. 英 (yīng)
2. 法 (fǎ)   6. 说 (shuō)   10. 会 (huì)
3. 从 (cóng)   7. 语 (yǔ)   11. 公 (gōng)
4. 汉 (hàn)   8. 京 (jīng)   12. 海 (hái)

4 跟朋友约会

A1a

Siehe Transkriptionen im Kursbuch.

A2a

四	五	六	七	八	九	十
sì	wǔ	liù	qī	bā	jiǔ	shí
Vier	Fünf	Sechs	Sieben	Acht	Neun	Zehn

A3

四	七	八	六	三	一	九	五	二	四	九	二	六	八	五	一	七	三
二	三	五	七	四	九	六	八	一	七	三	五	一	九	四	二	六	八
一	六	九	二	八	五	七	四	三	六	八	一	三	七	二	四	五	九
三	四	七	九	六	二	八	一	五	一	六	九	四	二	七	八	三	五
六	九	一	八	五	四	三	二	七	二	四	八	五	三	六	七	九	一
五	八	二	一	七	三	四	九	六	五	七	三	九	一	八	六	二	四
九	五	六	四	一	七	二	三	八	九	二	四	八	六	三	五	一	七
七	二	三	五	九	八	一	六	四	八	一	七	二	五	九	三	四	六
八	一	四	三	二	六	五	七	九	三	五	六	七	四	一	九	八	二

B2

1. c. xiànzài — jetzt
2. a. zhōngwǔ — Mittag
3. d. shìqing — Sache, Angelegenheit
4. b. yuē huì — verabreden
5. g. xiàwǔ — Nachmittag
6. e. jīntiān — heute
7. h. zháojí — eilig, sich Sorgen machen
8. f. shíjiān — Zeit

B3

1. 现在十二点半。 oder   现在中午十二点三十分。
   Xiànzài shí'èr diǎn bàn. oder   Xiànzài zhōngwǔ shí'èr diǎn sānshí fēn.

2. 约翰跟朋友约会。
   Yuēhàn gēn péngyou yuē huì.

3. 下午四点三刻朋友在咖啡馆等约翰。
   Xiàwǔ sì diǎn sān kè péngyou zài kāfēiguǎn děng Yuēhàn.

4. 约翰跟朋友约会，他有时间。
   Yuēhàn gēn péngyou yuē huì, tā yǒu shíjiān.

B4

1. 现在几点？
   Xiànzài jǐ diǎn?

2. 今天我很高兴，下午我跟朋友约会。
   Jīntiān wǒ hěn gāoxìng, xiàwǔ wǒ gēn péngyou yuē huì.

3. 中午十一点四十分我在咖啡馆等朋友。
   Zhōngwǔ shíyī diǎn sìshí fēn wǒ zài kāfēiguǎn děng péngyou.

B5

1. Xièxie nǐ! Bú kèqi!
   谢谢你！不客气！

2. Qǐng wèn, nǐ yǒu shíjiān ma?
   请问，你有时间吗？

3. Xiànzài wǒ de péngyou zài kāfēiguǎn děng wǒ.
现在我的朋友在咖啡馆等我。

4. Duìbuqǐ, qǐng zài shuō yí biàn.
对不起，请再说一遍。

B6

1. 一 + 大   天 tiān
Eins + groß

2. 王 + 见   现 xiàn
König + sehen

3. 又 + 寸   对 duì
rechte Hand + Dezimeter

4. 宀 + 各   客 kè
Dach + jede

5. 饣 + 官   馆 guǎn
Essen + Beamte

6. 走 + 己   起 qǐ
rennen + gekrümmter Mensch

7. 八 + 刀   分 fēn
Acht + Messer

8. 讠 + 青   请 qǐng
Sprache + grün

9. 忄 + 青   情 qíng
stehendes Herz + grün

10. 竹 + 寺   等 děng
Bambus + Tempel

C2

二月十一日星期四 · 七月一日星期天 · 十二月三十一日星期三
一九四九年十月一日 · 二零零三年八月十五日
一九七六年九月六日 · 二零一四年四月二十五日

C3

早上 (zǎoshang) / 七点半 (qī diǎn bàn) / 七点四十五分 (qī diǎn sìshíwǔ fēn) / 今天 (jīntiān) /
星期三 (xīngqīsān) / 星期四 (xīngqīsì) / 上午八点 (shàngwǔ bā diǎn) /
上午十点 (shàngwǔ shí diǎn)

C4

1. e.   míngtiān   morgen
2. d.   xīngqī   Woche
3. a.   diànyǐng   Film
4. b.   piàoliang   hübsch
5. c.   zhīdao   wissen

6. j.   rìlì   Kalender
7. i.   wǎnshang   Abend
8. f.   yìqǐ   zusammen
9. g.   shàngwǔ   Vormittag
10. h.   dànshì   aber

C5

1. 跟他们一起工作。
Gēn tāmen yìqǐ gōngzuò.

2. 跟德国人一起说英语。
Gēn Déguórén yìqǐ shuō Yīngyǔ.

3. 跟你一起学习汉语。
Gēn nǐ yìqǐ xuéxí Hànyǔ.

4. 跟他一起等你。

Gēn tā yìqǐ děng nǐ.

5. 跟学生一起去咖啡馆。

Gēn xuésheng yìqǐ qù kāfēiguǎn.

C6

1. d. · 2. c. · 3. d. · 4. d., b.

C7

1. 我也想跟你们一起去看英国电影"007"。

Wǒ yě xiǎng gēn nǐmen yìqǐ qù kàn Yīngguó diànyǐng „007".

2. 明天上午八点三刻我在公司等你。

Míngtiān shàngwǔ bā diǎn sān kè wǒ zài gōngsī děng nǐ.

3. 今天上午我要工作，我没有时间。

Jīntiān shàngwǔ wǒ yào gōngzuò, wǒ méiyǒu shíjiān.

4. 星期天下午我在咖啡馆跟李莉约会。

Xīngqītiān xiàwǔ wǒ zài kāfēiguǎn gēn Lǐ Lì yuē huì.

C8

1. 今天几号？ 星期几？

Jīntiān jǐ hào? Xīngqī jǐ?

2. 星期五上午我没有时间，但是星期六下午我有时间。

Xīngqīwǔ shàngwǔ wǒ méiyǒu shíjiān, dànshì xīngqīliù xiàwǔ wǒ yǒu shíjiān.

3. 十一月九日我跟朋友们一起去看电影。

Shíyī yuè jiǔ rì wǒ gēn péngyoumen yìqǐ qù kàn diànyǐng.

4. 今天晚上十九点一刻我要等我的朋友。

Jīntiān wǎnshàng shíjiǔ diǎn yí kè wǒ yào děng wǒ de péngyou.

C9 a

2. Die E-Mail ist eine Antwort.

C9 b

等 (děng) · 时间 (shíjiān) · 约会 (yuē huì) · 跟 (gēn) · 有 (yǒu) · 今天 (jīntiān) · 明天 (míngtiān) · 没有 (méiyǒu) · 想 (xiǎng) · 一起 (yìqǐ)

C11

1. 日 + 月 Sonne + Mond	明	míng	3. 日 + 生 Sonne + Person	星 xīng
2. 其 + 月 als Pronomen + Mond	期	qī	4. 日 + 免 Sonne + entfernen	晚 wǎn

5 在宾馆

A1

1. a. · 2. b. · 3. a. · 4. a. · 5. b.

A3

1. b. RMB / CNY (chinesische Währung)
2. d. Euro
3. e. 0.97 Yuan
4. c. 4.800
5. a. 60,5. Yuan

A4

1. 七十四元一角九分
2. 五百零二元三角四分
3. 五千七百一十八元二角
4. 一百六十五元一角五分
5. 三千零一十七元七角
6. 一千八百一十元八角五分

A5

1. b. · 2. c. · 3. d. · 4. a.

A6

1. 二 + 儿　　　　　元 yuán
   Zwei + Sohn

3. 一 + 白　　　　　百 bǎi
   Eins + weiss

2. 土 + 夬　　　　　块 kuài
   Erde + entscheidend

4. ´ + 十　　　　　千 qiān
   nach links abfallen + Zehn

B3

1. 房间 (fángjiān) · 2. 有 (yǒu) · 3. 301 (sān líng yī) · 4. 宾馆 (bīnguǎn) · 5. 能 (néng)

B4

1. Einzelzimmer (李莉)
2. 5 Tage (李莉)
3. 420 yuan (先生)
4. es etwas billiger machen (李莉)
5. 先生
6. wohne (李莉)
7. Nr. 510 (先生)

B5

1. 想 (xiǎng) · 2. 要 (yào) · 3. 会 (huì) · 4. 能 (néng) · 5. 可以, 要 (kěyǐ, yào)

B6

1. 千 · 2. 天 · 3. 个 · 4. 不

B7

房间 (fángjiān) · 要 (yào) · 想 (xiǎng) · 住 (zhù) · 多少 (duōshao) · 钱 (qián) · 单 (dān) ·
双 (shuāng) · 人民币 (Rénmínbì) · 欧元 (Ōuyuán) · 付(fù)

2. 您有空房间吗?
   Nín yǒu kòng fángjiān ma?

3. 我要住四天。
   Wǒ yào zhù sì tiān.

4. 我想要双人房间。
   Wǒ xiǎng yào shuāngrén fángjiān.

5. 一天要多少钱?
   Yì tiān yào duōshao qián?

6. 我能用欧元付吗?
   Wǒ néng yòng Ōuyuán fù ma?

B8

1. 户 + 方 Türflügel + Quadrat	房 fáng	5. 厶 + 月 + 匕 + 匕 privat + Mond + Kelle + Kelle	能 néng
2. 又 + 又 rechte Hand + rechte Hand	双 shuāng	6. 门 + 日 Tür + Sonne	间 jiān
3. 夕 + 夕 Dämmerung + Dämmerung	多 duō	7. 亻 + 主 einzelner Mensch + Allah	住 zhù
4. 人 + 丨 Mensch + senkrechter Strich	个 ge	8. 小 + 丿 klein + nach links abfallender Strich	少 shǎo

C2

1. d. fángjiān — Zimmer
2. a. háishi — oder
3. b. duōshao — wie viel
4. e. fù qián — bezahlen
5. c. bīnguǎn — Hotel
6. i. yínháng — Bank
7. j. biǎogé — Formular
8. f. piányi — billig
9. g. kěyǐ — dürfen, können
10. h. fùjìn — in der Nähe

C3

1. 今天的<u>工作</u>
   jīntiān de gōngzuò

2. 宾馆的<u>房卡</u>
   bīnguǎn de fángkǎ

3. 晚上的<u>电影</u>
   wǎnshàng de diànyǐng

4. 老师的<u>名片</u>
   lǎoshī de míngpiàn

5. 北京宾馆的<u>附近</u>
Běijīng Bīnguǎn de <u>fùjìn</u>

7. 朋友<u>的日历</u>
péngyou de <u>rìlì</u>

6. 银行的<u>对面</u>
yínháng de <u>duìmiàn</u>

8. 今天的<u>事情</u>
jīntiān de <u>shìqing</u>

C4

1. 我住了六天，现在我想付钱。
Wǒ zhùle liù tiān, xiànzài wǒ xiǎng fù qián.

2. 这是219号房间的房卡。
Zhè shì 219 hào fángjiān de fángkǎ.

3. 您要单人房间还是双人房间？
Nín yào dānrén fángjiān háishi shuāngrén fángjiān?

C5

90 Euro / 50 Euro / 800 Euro / 15 Euro / 3,50 Euro / 7 Euro / 28 Euro

C6

1. 我想付钱。
Wǒ xiǎng fù qián.

3. 我可以用欧元付吗？
Wǒ kěyǐ yòng Ōuyuán fù ma?

2. 哪儿有自动取款机？
Nǎr yǒu zìdòng qǔkuǎnjī?

4. 这是三千七百欧元。
Zhè shì sān qiān qī bǎi Ōuyuán.

C8 b

小龙说他在德国，住在公司附近的宾馆，宾馆工作的人会说一点儿中文，他跟他们说英文。小龙还说他的房间在四楼，房间号四二五，是一间双人房间。房间很漂亮，但是很贵，一天要98欧元。他有钱，在上海他换了欧元。

C9

1. 宀 + 兵   宾   bīn
Dach + Soldat

3. 耳 + 又   取   qǔ
Ohr + rechte Hand

2. 木 + 几   机   jī
Holz + Tischchen

4. 士 + 示 + 欠   款   kuǎn
Gelehrter + zeigen + gähnen

C10

gemeinsame Komponente: 艮
Radikal: 钅 𧾷 彳
Aussprache: yín gēn hěn

Gemeinsame Komponente: 一
Radikal: 一 一 一 一
Aussprache: bù xià shàng liǎng

6 去吃饭

A2
1. c. · 2. a. · 3. d. · 4. b.

A3
1. 吃 (chī) · 2. 喜欢 (xǐhuan) · 3. 吃饭 (chī fàn) · 4. 告诉 (gàosù)

A4
1. 他喜欢不喜欢学汉语?
   Tā xǐhuan bu xǐhuan xué Hànyǔ?

2. 这儿有没有德国餐馆?
   Zhèr yǒu méiyǒu Déguó cānguǎn?

3. 这是不是中国饭?
   Zhè shì bu shì Zhōngguó fàn?

4. 王刚想不想跟我们一起去?
   Wáng Gāng xiǎng bu xiǎng gēn wǒmen yìqǐ qù?

5. 米饭便宜不便宜?
   Mǐfàn piányi bu piányi?

A5
1. 饣 + 反　　　　饭 fàn
   Essen + umdrehen

2. 又 + 欠　　　　欢 huān
   rechte Hand + gähnen

3. 口 + 乞　　　　吃 chī
   Mund + etw. erbitten

4. 艹 + 采　　　　菜 cài
   Gras + pflücken

B1a
1. a. · 2. a. · 3. b. · 4. a. · 5. b.

B1b
Siehe Transkriptionen im Kursbuch.

B2
1. richtig · 2. richtig · 3. falsch

B3
1. d.	chī fàn	essen	5. h.	yǐnliào	Getränke
2. c.	xǐhuan	mögen	6. g.	càidān	Speisekarte
3. a.	píjiǔ	Bier	7. e.	mǎshàng	sofort
4. b.	cānguǎn	Restaurant	8. f.	gàosù	erzählen

B4

1. 欢 · 2. 看 · 3. 饮 · 4. 喝 · 5. 员 · 6. 么 · 7. 茶 · 8. 杯

B5

1. 人 + 人 + 土 坐 zuò
Mensch + Mensch + Erde

5. 口 + 曷 喝 hē
Mund + was

2. 饣 + 欠 饮 yǐn
Essen + gähnen

6. 米 + 斗 料 liào
Reis + Getreidemessgefäß

3. 白 + 水 泉 quán
Weiß + Wasser

7. 艹 + 人 + 木 茶 chá
Gras + Mensch + Holz

4. 氵 + 酉 酒 jiǔ
Wasser + Apothekerflasche

8. 木 + 不 杯 bēi
Holz + nicht

C1

1. 杯, 瓶 (bēi, píng) · 2. 壶 (hú) · 3. 位 (wèi) · 4. 间 (jiān) · 5. 个, 碗 (ge, wǎn) · 6. 个 (ge) ·
7. 份, 份 (fèn, fèn)

C2

1. d. · 2. c. · 3. b. · 4. a.

C3

a. 1. · b. 3. · c. 5. · d. 2. · e. 4. · f. 6.

C4

1. 你们想点什么菜？
   Nǐmen xiǎng diǎn shénme cài?

2. 我们去中国餐馆吃烤鸭。
   Wǒmen qù Zhōngguó cānguǎn chī kǎoyā.

3. 服务员，我想看菜单。
   Fúwùyuán, wǒ xiǎng kàn càidān.

4. 您能不能再给我们一双筷子？
   Nín néng bu néng zài gěi wǒmen yì shuāng kuàizi?

5. 他们想喝两瓶啤酒，想吃炒蔬菜。
   Tāmen xiǎng hē liǎng píng píjiǔ, xiǎng chī chǎo shūcài.

C5

1. 服务员，您有什么饮料？
   Fúwùyuán, nín yǒu shénme yǐnliào?

2. 我想要两瓶啤酒。
   Wǒ xiǎng yào liǎng píng píjiǔ.

3. 您有绿茶吗？
   Nín yǒu lǜchá ma?

4. 我们想看看菜单。
Wǒmen xiǎng kànkan càidān.

5. 请慢慢吃。
Qǐng mànmàn chī.

6. 很好吃！
Hěn hǎochī!

7. 服务员，我想买单。
Fúwùyuán, wǒ xiǎng mǎi dān.

C6
1. b. · 2. c. · 3. a. · 4. f. · 5. e. · 6. d.

C8
约翰看菜单，他点了菜和米饭。
Yuēhàn kàn càidān, tā diǎnle cài hé mǐfàn.

C9 b
1. 马小龙去北京烤鸭店吃饭了。
2. 他的朋友点了烤鸭、鸭汤、蔬菜。菜很好吃。很贵。
3. 他的朋友说了："来了北京，我们不能不去北京烤鸭店。"

7 我的家

A1
Siehe Transkriptionen im Kursbuch.

A3
1. c. · 2. e. · 3. d. · 4. b. · 5. a.

A5
1. 姐	2. 妹	3. 她	4. 妻
ältere Schwester	jüngere Schwester	sie (3. P. weiblich)	Ehefrau

B2
1. 小狗 · 2. 学校 · 3. 肉

B3
1. c. · 2. d. · 3. a. · 4. b.

B4
爸爸 (bàba), 妈妈 (māma), 弟弟 (dìdi)

B5

1. 亻 + 木　　　　休 xiū
   Mensch + Holz

2. 犭 + 苗　　　　猫 māo
   Tier + Spross

3. 王 + 元　　　　玩 wán
   König + ZEW für Geld

4. 犭 + 句　　　　狗 gǒu
   Tier + Satz

5. 子 + 亥　　　　孩 hái
   Kind + der letzte der zwölf Erdzweige

6. 爫 + 冖 + 友　　愛 ài
   Klaue + bedecken + Freund

C2

1. c. duōdà　　wie alt
2. e. wèn hǎo　　grüßen
3. d. xiōngdì　　Brüder
4. a. xuéxiào　　Schule
5. b. jié hūn　　heiraten

6. i. jīnnián　　dieses Jahr
7. f. shēnghuó　　leben, Leben
8. j. jiěmèi　　Schwestern
9. g. tuìxiū　　in Rente gehen
10. h. háizi　　Kind

C3

1. 约翰的爸爸是工程师，妈妈是学校的老师。
   Yuēhàn de bàba shì gōngchéngshī, māma shì xuéxiào de lǎoshī.

2. 约翰的家有四口人。他们是爸爸、妈妈、姐姐和约翰。
   Yuēhàn de jiā yǒu sì kǒu rén. Tāmen shì bàba、māma、jiějie hé Yuēhàn.

3. 约翰的姐姐结婚了。她有一个孩子。
   Yuēhàn de jiějie jié hūn le. Tā yǒu yí ge háizi.

4. 约翰的姐姐家生活得真好。李莉向约翰的姐姐家问好。
   Yuēhàn de jiějie jiā shēnghuó de zhēn hǎo. Lǐ Lì xiàng Yuēhàn de jiějie jiā wèn hǎo.

C4

1. c. · 2. c. · 3. b. · 4. c. · 5. a.

C5

1. 工程师工作得很慢。工程师工作得不慢。
   Gōngchéngshī gōngzuò de hěn màn. Gōngchéngshī gōngzuò de bú màn.

2. 我们吃得很高兴。我们吃得不高兴。
   Wǒmen chī de hěn gāoxìng. Wǒmen chī de bù gāoxìng.

3. 他妹妹玩得很累。他妹妹玩得不累。
   Tā mèimei wán de hěn lèi. Tā mèimei wán de bú lèi.

4. 秘书说得很多。秘书说得不多。
   Mìshū shuō de hěn duō. Mìshū shuō de bù duō.

C6

1. 今天妈妈没有去工作。
   Jīntiān māma méiyǒu qù gōngzuò.

2. 姐姐不喜欢吃中国饭。
   Jiějie bù xǐhuan chī Zhōngguó fàn.

3. 妹妹和朋友没有去餐馆。
   Mèimei hé péngyou méiyǒu qù cānguǎn.

4. 哥哥不学习汉语。
   Gēge bù xuéxí Hànyǔ.

5. 李莉的爸爸没有退休。
   Lǐ Lì de bàba méiyǒu tuìxiū.

C7

1. 你结婚了没有？
   Nǐ jié hūn le méiyǒu?

2. 她的丈夫付钱了没有？
   Tā de zhàngfu fù qián le méiyǒu?

3. 爸爸、妈妈退休了没有？
   Bàba、 māma tuìxiū le méiyǒu?

4. 他的两个儿子都去北京了没有？
   Tā de liǎng ge érzi dōu qù Běijīng le méiyǒu?

5. 你的同学去你那儿吃饭了没有？
   Nǐ de tóngxué qù nǐ nàr chī fàn le méiyǒu?

C8

1. 你姐姐结婚了没有？
   Nǐ jiějie jié hūn le méiyǒu?

2. 我们生活得很好。
   Wǒmen shēnghuó de hěn hǎo.

3. 弟弟、妹妹都在学校学习。
   Dìdi、 mèimei dōu zài xuéxiào xuéxí.

4. 王先生向你问好。
   Wáng xiānsheng xiàng nǐ wèn hǎo.

C9

1. 我还没有退休。
   Wǒ hái méiyǒu tuìxiū.

2. 你有兄弟姐妹吗？
   Nǐ yǒu xiōngdì - jiěmèi ma?

3. 我结婚了，有两个女儿。
   Wǒ jié hūn le, yǒu liǎng ge nǚ'ér.

4. 我生活得很好。
   Wǒ shēnghuó de hěn hǎo.

5. 我向李先生问好。
   Wǒ xiàng Lǐ xiānsheng wèn hǎo.

6. 你的丈夫 / 妻子做什么工作？
   Nǐ de zhàngfu / qīzi zuò shénme gōngzuò?

C11 b

哥哥 · 儿子 · 马小春 · 中学生 · 十四岁 · 在家 · 那儿 · 它 · 爱 · 一起

C12

1. 儿子 (érzi) · 2. 向您 (xiàng nín) · 3. 丈夫 (zhàngfu) · 4. 兄弟 (xiōngdì)
   吃了 (chīle)　　　问好 (wèn hǎo)　　　大狗 (dà gǒu)　　　一只 (yì zhī)

C13

Waagerecht:
1. 我爱我的家。
2. 儿子想玩。
3. 我爸爸退休了。
4. 他爸爸五十岁。

Senkrecht:
1. 他爱妻子。
2. 我很想爸爸。
3. 我家有狗。
4. 姐姐结婚了。

8 问路

A1
Siehe Transkriptionen im Kursbuch.

A3
1. richtig · 2. falsch · 3. falsch · 4. richtig

A4
离(lí) · 去(qù) · 走(zǒu) · 骑(qí) · 开(kāi) · 坐(zuò)

A5
后(hòu) · 右(yòu) · 司(sī) · 向(xiàng) · 问(wèn) · 同(tóng) · 回(huí)

A6

1. 辶 + 元   远   yuǎn
gehen + ZEW für Geld

2. 耂 + 日   者   zhě
alt + Sonne

3. 氵 + 气   汽   qì
Wasser + Gas

4. 口 + 一 + 戈   或   huò
Mund + eins + Hiebaxt

5. 马 + 大 + 可   骑   qí
Pferd + groß + aber

6. 禾 + 且   租   zū
Getreidehalm + und

B2
1. c. · 2. d. · 3. b. · 4. a.

B3
1. c. · 2. b. · 3. b. · 4. b. · 5. c.

B4a
A. 学校 (xuéxiào) · B. 咖啡馆 (kāfēiguǎn) · C. 中国餐馆 (Zhōngguó cānguǎn) ·
D. 大众公司 (Dàzhòng gōngsī) · E. 银行 (yínháng) · F. 公共厕所 (gōnggòng cèsuǒ) ·
G. 大学 (dàxué) · H. 自动取款机 (zìdòng qǔkuǎnjī) · I. 宾馆 (bīnguǎn)

B4b
1. 前面 (qiánmiàn) · 2. t后面 (hòumiàn) · 3. 前面 (qiánmiàn) · 4. 左边 (zuǒbiān) ·
5. 左下面 (zuǒ xiàmiàn) · 6. 后面 (hòumiàn)

B5
1. 去 (qù) · 2. 走 (zǒu) · 3. 走 (zǒu) · 4. 走 (zǒu) · 5. 去 (qù) · 6. 去 (qù)

B6

1. 厂 + 贝 + 刂   厕 cè   5. 戶 + 斤   所 suǒ
Fabrik + Muschel + stehendes Messer   Türflügel + Pfund

2. 乍 + 心   怎 zěn   6. 木 + 羊   样 yàng
plötzlich + Herz   Holz + Schaf

3. 𧾷 + 各   路 lù   7. 辶 + 力   边 biān
Fuß + jede   gehen + Kraft

4. 扌 + 口 + 力   拐 guǎn   8. 京 + 尤   就 jiù
Hand + Mund + Kraft   Stadt + besonders

B7

1. 第 dì, 第三   2. 右 yòu, 右边   3. 往 wǎng, 往前   4. 公 gōng, 公司
弟 dì, 弟弟   左 zuǒ, 左边   住 zhù, 住柏林   么 me, 这么

C2

1. 上 ◂▸ 下   3. 远 ◂▸ 近   5. 前 ◂▸ 后   7. 这 ◂▸ 那   9. 里 ◂▸ 外
2. 大 ◂▸ 小   4. 左 ◂▸ 右   6. 来 ◂▸ 去   8. 单 ◂▸ 双   10. 男 ◂▸ 女

C3

1. 面子 · 2. 上面和北面 · 3. 上车

C4

1. c.	cèsuǒ	Toilette		6. h.	kāi chē	Auto fahren
2. d.	chē zhàn	Station		7. i.	dìtiě	U-Bahn
3. a.	huí jiā	nach Hause		8. j.	zǒu lù	zu Fuß gehen
4. e.	shàng chē	einsteigen		9. f.	lùkǒu	Straßenkreuzung
5. b.	zěnme	wie		10. g.	xià chē	aussteigen

C5

yuǎn 远 · gōngjiāochē 公交车 · Dōng 东 · liù 六 · Xī Lù 西路 · yuǎn 远 · zǒu 走 · dào 到

C6

2. am Taxistand

C7

1. 公 (gōng) · 2. 还 (hái) · 3. 在 (zài) · 4. 坐 (zuò)

C8

1. 你在南京东路下车，车站的旁边就是外滩。
Nǐ zài Nánjīng Dōng Lù xià chē, chē zhàn de pángbiān jiù shì Wàitān.

2. 他坐了五站，在北京路下车了。
   Tā zuòle wǔ zhàn, zài Běijīng Lù xià chē le.

3. 他能在南京东路站坐地铁十号线。
   Tā néng zài Nánjīng Dōng Lù zhàn zuò dìtiě shí hào xiàn.

4. 酒吧离这儿很近，我们走路去。
   Jiǔbā lí zhèr hěn jìn, wǒmen zǒu lù qù.

5. 你往前走一点，前面就是公交车站。
   Nǐ wǎng qián zǒu yìdiǎn, qiánmiàn jiù shì gōngjiāochē zhàn.

C9

1. 您坐什么车去公司？
   Nín zuò shénme chē qù gōngsī?

2. 左边是咖啡馆。
   Zuǒbiān shì kāfēiguǎn.

3. 请问，去上海宾馆怎么走？
   Qǐng wèn, qù Shànghǎi bīnguǎn zěnme zǒu?

4. 我往后走，再往左拐。
   Wǒ wǎng hòu zǒu, zài wǎng zuǒ guǎi.

5. 我骑自行车去学校。
   Wǒ qí zìxíngchē qù xuéxiào.

6. 我坐地铁五号线。
   Wǒ zuò dìtiě wǔ hào xiàn.

C11 b

公交车 · 打的

9 去商店买东西

A1
Siehe Transkriptionen im Kursbuch.

A3
1. 筷子 · 2. 房 · 3. 经理

A4
1. b. Jacke anziehen · 2. d. Jeans anschauen · 3. e. es gibt (ein) T-Shirt · 4. a. zwei Paar Schuhe ·
5. c. drei Blusen / Hemden

A6 a

A6 b
衬衫 (chènshān) · 裙子 (qúnzi) · 衬衫 (chènshān) · 裤子 (kùzi)

A7

1. 羊 + 目   着
Schaf + Augen   *Aspektpartikel*

3. 穴 + 牙   穿
Höhle + Zahn   tragen, anziehen

2. 亻 + 牛   件
einzelner Mensch + Kuh   *ZEW* Kleidung

4. 革 + 圭   鞋
Leder + Jadezepter   Schuh

B2

1. c. yīfu   Kleidung
2. a. máoyī   Pullover
3. d. xiézi   Schuh
4. b. yánsè   Farbe
5. f. héshì   passend
6. h. piányi   billig
7. e. chènshān   Hemd
8. g. qúnzi   Rock

B3

1. c. · 2. d. · 3. a. · 4. b.

B4

牛仔裤 (niúzǎikù), 衬衫 (chènshān), 上衣 (shàngyī)

B5

1. 这个星期我太忙了。
Zhè ge xīngqī wǒ tài máng le.

3. 这条裙子太便宜了。
Zhè tiáo qúnzi tài piányi le.

2. 这件衣服太漂亮了。
Zhè jiàn yīfu tài piàoliang le.

4. 今天我太高兴了。
Jīntiān wǒ tài gāoxìng le.

B6

1. 看 kàn, 看电影
着 zhe, 穿着

2. 午 wǔ, 下午
牛 niú, 牛肉

3. 大 dà, 大狗
太 tài, 太多

4. 白 bái, 白色
日 rì, 星期日

B7

1. 禾 + 中   种 zhǒng
Getreidehalm + Mitte   *ZEW* Sorte, Typ

3. 纟 + 工   红 hóng
Seide + Arbeit   rot

2. 讠 + 式   试 shì
sprechen + Typ   anprobieren

4. 辶 + 舌   适 shì
gehen + Zunge   passend

C2

1. b. jīdàn   Ei
2. a. shuǐguǒ   Obst
3. d. dōngxi   Sache
4. c. huángguā   Gurke
5. h. píngguǒ   Apfel
6. g. shāngdiàn   Geschäft
7. e. qīngjiāo   Paprika
8. f. niúnǎi   Milch

C3

家 (jiā) · 些 (xiē) · 公斤 (gōngjīn) · 斤 (jīn) · 条 (tiáo) · 斤 (jīn) · 条 (tiáo) · 家 (jiā) · 条 (tiáo) · 件 (jiàn) · 双 (shuāng)

C4

1. b. · 2. b. · 3. c. · 4. c.

C5

1. ❥ 请问，有没有葡萄？
   ❥ 对不起，没有葡萄了，还有苹果。

2. ❥ 请问，有没有水果？
   ❥ 对不起，没有水果了，还有蔬菜。

3. ❥ 请问，有没有蔬菜？
   ❥ 对不起，没有蔬菜了，还有鸡蛋、牛奶。

C6

1. 下午你去哪儿买东西？
   Xiàwǔ nǐ qù nǎr mǎi dōngxi?

2. 一共要多少钱？
   Yígòng yào duōshao qián?

3. 姐姐想买什么？
   Jiějie xiǎng mǎi shénme?

4. 便宜多少？
   Piányi duōshao?

5. 哥哥穿多大的衣服？
   Gēge chuān duōdà de yīfu?

6. 哪儿能买牛奶、鸡蛋？
   Nǎr néng mǎi niúnǎi、jīdàn?

C7

1. 我想买一公斤青椒和三个红苹果。
   Wǒ xiǎng mǎi yì gōngjīn qīngjiāo hé sān ge hóng píngguǒ.

2. 请问，哪儿能买鞋子？
   Qǐng wèn, nǎr néng mǎi xiézi?

3. 商店的对面是书店。
   Shāngdiàn de duìmiàn shì shūdiàn.

4. 今天的葡萄很便宜，我想买两斤葡萄。
   Jīntiān de pútáo hěn piányi, wǒ xiǎng mǎi liǎng jīn pútáo.

C8 a

1. d. · 2. c. · 3. a. · 4. b. · 5. h. · 6. g. · 7. e. · 8. f.

C8 b

1. 我想要一杯葡萄酒。
   Wǒ xiǎng yào yì bēi pútáojiǔ.

2. 你有水果汁吗？
   Nǐ yǒu shuǐguǒzhī ma?

3. 对不起，没有白酒。
   Duìbuqǐ, méiyǒu báijiǔ.

4. 我只喝红茶。
   Wǒ zhǐ hē hóngchá.

C10b

女朋友问"这件毛衣多少钱？贵不贵？在哪儿能买这种衣服？还有什么颜色的？"
她喜欢问这个，问那个。

C11

Waagerecht:

1. 毛衣 · 2. 衣服 · 3. 西瓜 · 4. 公斤 · 5. 牛奶 · 6. 水果 · 7. 裤子

Senkrecht:

1. 东西 · 2. 西红柿 · 3. 黄瓜 · 4. 矿泉水 · 5. 苹果 · 6. 牛仔裤 · 7. 裙子

10 学习汉语

A1

Siehe Transkriptionen im Kursbuch.

A2

1. 每个人 (měi ge rén) · 2. 尊敬 (zūnjìng) · 3. 中国 (Zhōngguó)

A3

1. c.	kèwén	Lektionstext	5. g.	huídá	antworten
2. d.	wèntí	Frage, Problem	6. h.	zūnjìng	geehrte, respektieren
3. a.	Hànzì	Schriftzeichen	7. f.	yìsi	Bedeutung
4. b.	dàjiā	alle	8. e.	Zhōngwén	Chinesisch

A4

1. 答 dá   竹
2. 读 dú   讠
3. 教 jiāo   攵
4. 敬 jìng   攵
5. 尊 zūn   寸
6. 常 cháng 巾

A5

1. 讠 + 果 → 课
Sprache + Frucht → Unterricht, Lektion
yán + guǒ → kè

2. 讠 + 舌 → 话
Sprache + Zunge → Rede, Äußerung
yán + shé → huà

3. 是 + 页 → 题
sein + Seite → Übungsaufgabe
shì + yè → tí

4. 孝 + 攵 → 教
Kindespflicht + Hand mit Stöckchen → lehren
xiào + - → jiāo

A6

1. c. · 2. d. · 3. e. · 4. a. · 5. b.

A7

1. 我在中文课上读课文 。
   Wǒ zài Zhōngwén kè shàng dú kèwén.

2. 老师给我们讲语法，跟我们练发音。
   Lǎoshī gěi wǒmen jiǎng yǔfǎ, gēn wǒmen liàn fāyīn.

3. 每天我学习一个小时的汉语。
   Měi tiān wǒ xuéxí yí ge xiǎoshí de Hànyǔ.

4. 老师教我们教得很好，我们尊敬她。
   Lǎoshī jiāo wǒmen jiāo de hěn hǎo, wǒmen zūnjìng tā.

5. 每个星期我们要做很多练习题。
   Měi ge xīngqī wǒmen yào zuò hěn duō liànxí tí.

A8

1. a. · 2. c. · 3. b. · 4. c.

A10

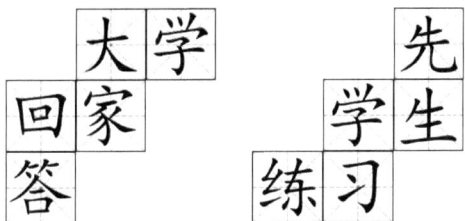

A11

1. 口 + 斤   听
   Mund + Pfund   hören
   kǒu + jīn   tīng

3. 讠 + 己   记
   Sprache + gekrümmter Mensch   merken, auswendig lernen
   yán + jǐ   jì

2. 讠 + 司   词
   Sprache + Abteilung   Wortschatz
   yán + sī   cí

4. 纟 + 责   绩
   Seide + Verpflichtung   Leistung
   jiǎosī + zé   jì

B1

1. e. xué Hànzì   Schriftzeichen lernen
2. d. dú kèwén   Text lesen
3. b. yòng Hànyǔ   Chinesisch benuzen
4. c. wèn wèntí   Fragen stellen
5. a. zuò liànxí   Übungen machen
6. i. jiǎng yǔfǎ   Grammatik erklären
7. h. xiě Hànzì   Schriftzeichen schreiben
8. g. tīng fāyīn   Aussprache hören
9. j. jiāo Hànyǔ   Chinesisch lehren
10. f. qù xuéxiào   zur Schule gehen

B2

1. 懂 (dǒng) · 2. 到 (dào) · 3. 住 (zhù) · 4. 好 (hǎo) · 5. 完 (wán)

B3

他们不懂这句话.

Tāmen bù dǒng zhè jù huà.

B5

1. 什么意思	c. Was bedeutet das?
2. 有意思	a. interessant
3. 不好意思	b. peinlich, Entschuldigung

B6

来 (lái) · 上课 (shàng kè) · 读 (dú) · 讲 (jiǎng) · 回答 (huídá) · 听 (tīng) · 觉得 (juéde) · 喜欢 (xǐhuan)

B8 b

1. 老师问马小龙:"你是新学生吗? 会不会读德语? 有没有德文名字?"
2. 马小龙读了五个德语生词,他的德语发音很好。老师很高兴。
3. 马小龙觉得马克这个名字很好。

B9

Waagerecht:

1. 考试 · 2. 大学 · 3. 工程师 · 4. 练习 · 5. 回答 · 6. 语法 · 7. 法语 · 8. 中国 · 9. 课文 · 10. 如果

Senkrecht:

1. 回家 · 2. 上课 · 3. 老师 · 4. 中文 · 5. 法国 · 6. 学习 · 7. 水果

B10

1. 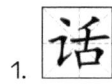 huà 普通话 / huó 生活   2. kǎo 考试 / lǎo 老师   3. shéi 是谁 / nán 不难   4. lǐ 里面 / guǒ 水果

11 爱好

A1

Siehe Transkriptionen im Kursbuch.

A2

1. c. diànshì	Fernsehen	6. h. zúqiú	Fußball
2. e. gōngfu	Kungfu	7. j. chàng gē	singen
3. a. lánqiú	Basketball	8. i. tiào wǔ	tanzen
4. b. yīnyuè	Musik	9. g. yóu yǒng	schwimmen
5. d. sàn bù	spazieren gehen	10. f. pǎo bù	laufen

A3

1. d. Měitiān wǒ tīng yīnyuè.
2. a. Tā chángcháng qù tiào wǔ.
3. e. Wǒ zài jiā kàn diànshì.

4. b. Jīntiān tāmen qù tī zúqiú.
5. c. Wǒ zài Zhōngguó liàn gōngfu.

A5

跳舞　　走路　　踢球　　跑步　　跟着

第一　　回答　　等着　　篮球　　筷子

A6

1. 工 + 力　　　功
   Arbeit + Kraft　　Verdienst
   gōng + lì　　　gōng

2. 氵 + 永　　　泳
   Wasser + ewig　　schwimmen
   shuǐ + yǒng　　　yǒng

B1

1. 你的爱好是什么？
   Nǐ de àihào shì shénme?

2. 每个星期你跑几次步？
   Měi ge xīngqī nǐ pǎo jǐ cì bù?

3. 在业余时间里你做什么？
   Zài yèyú shíjiān lǐ nǐ zuò shénme?

4. 你喜欢唱什么歌？
   Nǐ xǐhuan chàng shénme gē?

5. 今天谁跳了两次舞？
   Jīntiān shéi tiàole liǎng cì wǔ?

6. 他对什么很感兴趣？
   Tā duì shénme hěn gǎn xìngqù ?

B2

1. d. · 2. c. · 3. d. · 4. c. · 5. b. · 6. d.

B3

1. 他每天做什么？– 他每天都要唱歌.
   Tā měi tiān zuò shénme? – Tā xǐhuan chàng gē, měitiān dōu yào chàng gē.

2. 你的朋友几岁开始踢足球？– 我的朋友九岁的时候开始踢足球.
   Nǐ de péngyou jǐ suì kāishǐ tī zúqiú? – Wǒ de péngyou jiǔ suì de shíhou kāishǐ tī zúqiú.

3. 中国人喜欢什么运动？– 中国人喜欢太极拳.
   Zhōngguórén xǐhuan shénme yùndòng? – Zhōngguórén xǐhuan tàijíquán.

4. 你什么时候跑步？– 我每天早上跑步.
   Nǐ shénme shíhou pǎo bù? – Wǒ měitiān zǎoshang pǎo bù.

5. 她踢了几年足球了？– 她踢了六年足球了.
   Tā tīle jǐ nián zúqiú le? – Tā tīle liù nián zúqiú le.

B4

1. 在业余时间里你做什么？
   Zài yèyú shíjiān lǐ nǐ zuò shénme?

2. 我很喜欢西班牙舞。
   Wǒ hěn xǐhuan Xībānyá wǔ.

3. 你对什么运动感兴趣？
   Nǐ duì shénme yùndòng gǎn xìngqù?

4. 如果我有时间，我打乒乓球。
   Rúguǒ wǒ yǒu shíjiān, wǒ dǎ pīngpāng qiú.

5. 我每天跑一次步。
   Wǒ měitiān pǎo yí cì bù.

B5 b

1. 这是谁？
   Zhè shì shéi?
   这是成龙。
   Zhè shì Chéng Lóng.

2. 他是哪国人？
   Tā shì nǎ guó rén?
   他是中国人。
   Tā shì Zhōngguórén.

3. 他住在哪儿？
   Tā zhù zài nǎr?
   他住在中国。
   Tā zhù zài Zhōngguó.

4. 他的爱好是什么？
   Tā de àihào shì shénme?
   他喜欢练功夫。
   Tā xǐhuan liàn gōngfu.

5. 他说哪国话？
   Tā shuō nǎ guó huà?
   他说汉语、英语、上海话。
   Tā shuō Hànyǔ、Yīngyǔ、Shànghǎi huà.

6. 他的中文名字叫什么？
   Tā de Zhōngwén míngzi jiào shénme?
   他的中文名字是成龙。
   Tā de Zhōngwén míngzi shì Chéng Lóng.

B6

1. 云 + 力   动
   Wolken + Kraft   Bewegung
   yún + lì   dòng

2. 冫 + 欠   次
   Eis + gähnen   mal
   0 + qiàn   cì

3. 辶 + 云   运
   gehen + Wolken   Bewegung
   zǒu + yún   yùn

4. 走 + 取   趣
   gehen + holen   interessant
   zǒu + qǔ   qù

C1

1. a. shénme shíhou — wann
2. c. xuésheng yùndòng — Studentenbewegung
3. e. yóu yǒng bǐsài — Schwimmwettkampf
4. b. shàng kè yǐqián — vor dem Unterricht
5. d. jiànshēn yùndòng — Fitnessbewegung
6. i. chuántǒng yùndòng — traditionelle Bewegung
7. h. Zhōngguó gōngfu — Chinesisches Kungfu
8. j. Déguó yīnyuè — deutsche Musik
9. g. xià kè yǐhòu — nach dem Unterricht
10. f. yèyú shíjiān — Freizeit

C2

上课 ◂▸ 下课   上班 ◂▸ 下班   以前 ◂▸ 以后
上午 ◂▸ 下午   上车 ◂▸ 下车   早上 ◂▸ 晚上

C3

1. 足球 (zúqiú) · 2. 乒乓球 (pīngpāngqiú) · 3. 散步 (sàn bù) · 4. 什么时候 (shénme shíhou) ·
5. 唱歌 (chàng gē)

C4

Zutreffend sind 1., 3. und 4.

C5

Waagerecht:

1. 高尔夫 · 2. 早上 · 3. 篮球 · 4. 这么 · 5. 开始 · 6. 时间 · 7. 散步

Senkrecht:

1. 高兴 · 2. 开车 · 3. 足球 · 4. 跑步 · 5. 什么时候 · 6. 上午 7. 房间

C7 b

1. 小龙的爸爸喜欢打乒乓球，也喜欢教人打乒乓球。
2. 中国人打乒乓球打得很好。
3. 马小龙九岁的时候，他爸爸就教他打乒乓球，在业余时间里
   他常跟爸爸练乒乓球。他还参加比赛。

C8

1. 女 + 台	始		4. 亻 + 专	传	
Frau + Bühne	Anfang		einzelner Mensch + speziell	weitergeben	
nǚ + tái	shǐ		rén + zhuān	chuán	
2. 纟 + 充	统		5. 亻 + 建	健	
Seide + füllen	Zusammenhang		einzelner Mensch + erbauen	gesund	
sī + chōng	tǒng		rén + jiàn	jiàn	
3. 广 + 隶	康		6. 日 + 十	早	
Schrägdach + Knecht	gesund		Sonne + Zehn	früh	
guǎng + lì	kāng		rì + shí	zǎo	

12 邀请和祝贺

A1

1. c.	qīn'ài	Liebe/r		5. f.	lǐjiě	verstehen	
2. d.	shēngrì	Geburtstag		6. e.	zhùhè	gratulieren	
3. a.	yāoqǐng	einladen		7. h.	dìdiǎn	Ort	
4. b.	cānjiā	teilnehmen		8. g.	qīdài	auf etw./jn. warten	

A2

1. 期待 (qīdài) · 2. 参加 (cānjiā) · 3. 邀请 (yāoqǐng) · 4. 出差 (chū chāi) · 5. 理解 (lǐjiě)

A3

1. 田 + 力 　　　　男
Feld + Kraft　　　männlich
tián + lì　　　　　nán

2. 角 + 刀 + 牛 　　解
Horn + Messer + Rind　erklären
jiǎo + dāo + niú　　jiě

3. 土 + 也 　　　　地
Erde + auch　　　Ort
tǔ + yě　　　　　dì

4. 力 + 口 + 贝 　　贺
Kraft + Mund + Muschel　gratulieren
lì + kǒu + bèi　　hè

B1

1. d.　shēngrì kuàilè
2. c.　wànshì-rúyì
3. e.　xīnnián kuàilè
4. a.　shēntǐ jiànkāng
5. b.　gōngzuò shùnlì

B3

1. 我很高兴，收到你50岁的生日邀请。
Wǒ hěn gāoxìng, shōudào nǐ 50 suì de shēngrì yāoqǐng.

2. 对不起，希望你能理解。
Duìbuqǐ, xīwàng nǐ néng lǐjiě.

3. 我不能参加你的晚会。
Wǒ bù néng cānjiā nǐ de wǎnhuì.

4. 我和我的丈夫期待着你们的光临。
Wǒ hé wǒ de zhàngfu qīdàizhe nǐmen de guānglín.

5. 在新年来到之际我祝你万事如意。
Zài xīnnián láidào zhījì wǒ zhù nǐ wànshì-rúyī.

B4

1. Wǒ juédé zhè xiē shēngrì kǎ hěn hǎokàn, děi mǎi jǐ zhāng.
2. Zhù dàjiā xīnnián kuàilè! Lái, wǒmen yìqǐ tīng yīnyuè.
3. Lǎoshī zài jiàoshì lǐ jiāo wǒmen xiě Hànzì.
4. Bié zháojí, wǒ děngzhe nǐmen.
5. Xíng, xiàwǔ wǒmen yìqǐ qù yínháng huàn qián.

B5

1. Die Nachricht ist eine Zusage.
2. Zwei Menschen wollen hingehen.

C1

1. c.　lǐwù　　　Geschenk
2. d.　hóngbāo　rotes Päckchen
3. a.　shēntǐ　　Körper
4. b.　dàn'gāo　Kuchen, Torte
5. g.　liáo tiān　sich unterhalten
6. h.　yǐzi　　　Stuhl
7. f.　màn zǒu　langsam gehen
8. e.　zuì hǎo　am besten

C2

1. c. · 2. a. · 3. b. · 4. d. · 5. h. · 6. g. · 7. f. · 8. e.

C3

1. 生日 (shēngrì) · 2. 出差 (chū chāi) · 3. 礼物 / 啤酒 (lǐwù / píjiǔ) · 4. 祝贺 (zhùhè) ·
5. 先 / 然后 / 商店 (xiān / ránhòu / shāngdiàn)

C4

1. c. · 2. a. · 3. c. · 4. b. · 5. c. · 6. c.

C5

1. 谢谢你的邀请，我参加你的晚会。
   Xièxie nǐ de yāoqǐng, wǒ cānjiā nǐ de wǎnhuì.

2. 我们先聊天，然后唱歌、跳舞。
   Wǒmen xiān liáo tiān, ránhòu chàng gē、 tiào wǔ.

3. 尊敬的李老师，我住您身体健康、新年好。
   Zūnjìng de Lǐ lǎoshī, wǒ zhù nín shēntǐ jiànkāng、 xīnnián hǎo.

4. 您最喜欢什么？
   Nín zuì xǐhuan shénme?

5. 您送了我很多礼物，我真不好意思，谢谢您的礼物。
   Nín sòngle wǒ hěn duō lǐwù, wǒ zhēn bù hǎoyìsi, xièxie nín de lǐwù.

C6

Waagerecht:
1. 万事如意 · 2. 意思 · 3. 鸡蛋 · 4. 亲爱 · 5. 非常 · 6. 学习 · 7. 生日快乐

Senkrecht:
1. 母亲 · 2. 事情 · 3. 学生 · 4. 如果 · 5. 常常 · 6. 蛋糕 · 7. 音乐

C7

1. 邀 yāo 邀请 2. 送 sòng 送礼物 3. 过 guò 过新年 4. 进 jìn 请进

5. 边 biān 旁边 6. 近 jìn 很近 7. 远 yuǎn 不远

C9b

1. 小龙要去参加大哥妻子的生日晚会，他要买礼物。
2. 小龙想买毛衣、花或者生日蛋糕。
3. 大哥希望小龙送他妻子一个红包。大哥的妻子喜欢买东西，用红包她可以买东西。

13 在火车站和机场

A1

1. 时刻表 (shíkèbiǎo) · 2. 汽车站 (qìchēzhàn) · 3. 车次 (chēcì) · 4. 一等 (yì děng)

A3

1. c.	chēcì	Zugnummer	6. h.	gāotiě	Gaotie
2. d.	dàodá	ankommen	7. j.	piàojià	Fahrpreis
3. e.	yìngzuò	"harter" Sitzplatz	8. g.	kōngtiáo	Klimaanlage
4. b.	ruǎnwò	„weicher" Schlafplatz	9. f.	fāchē	Abfahrt
5. a.	dòngchē	Dongche	10. i.	yì děng	erste Klasse

A4

1. 石 + 更　　硬　　　　4. 车 + 欠　　软
　Stein + mehr　hart　　　Auto + gähnen　weich
　shí + gèng　yìng　　　chē + qiàn　ruǎn

B1 a

1. e. · 2. a. · 3. d. · 4. c. · 5. b.

B1 b

1. Ich kaufe ein Hin- und Rückfahrt Ticket.
2. Der klimatisierte Schnellzug ist billiger als der Dongche.
3. Die Fahrtzeit von Shanghai nach Beijing beträgt 5 Stunden und 20 Minuten.
4. Das ist ein einfaches Ticket für einen Zug, der nach Beijing fährt, Abfahrtszeit ist frühmorgens um 8 Uhr.
5. Wir haben keine Tickets für die zweite Klasse des Gaotie.

B2

1. c. · 2. d. · 3. b. · 4. d. · 5. d.

B3

1. 二等座位比一等座位便宜。
   Èr děng zuòwèi bǐ yì děng zuòwèi piányi.

2. 地铁比出租车开得快。
   Dìtiě bǐ chūzūchē kāi de kuài.

3. 空调快车软卧票比空调快车硬卧票贵。
   Kōngtiáo kuàichē ruǎnwò piào bǐ kōngtiáo kuàichē yìngwò piào guì.

4. 王先生比李先生大。
   Wáng xiānsheng bǐ Lǐ xiānsheng dà.

5. 汉语的发音比德语的发音难。
   Hànyǔ de fāyīn bǐ Déyǔ de fāyīn nán.

6. 他比我看书看得多。
   Tā bǐ wǒ kàn shū kàn de duō.

7. 王刚比李莉游泳游得好。
   Wáng Gāng bǐ Lǐ Lì yóu yǒng yóu de hǎo.

B4
Zutreffend sind die Aussagen 3. und 4.

B5

1.  piào 票价   2. 硬 yìng 硬座   3. 钱 qián 付钱   4. 座 zuò 座位
    yào 想要   便 pián 便宜   铁 dì 地铁   坐 zuò 请坐

C1

1. b.	fēijī	Flugzeug
2. c.	jīchǎng	Flughafen
3. d.	hùzhào	Reisepass
4. a.	wǎngfǎn	Hin- und Rückfahrt

5. f.	bāngzhù	helfen, Hilfe
6. e.	dānchéng	einfache Fahrt
7. h.	xiāngzi	Koffer
8. g.	hángbān	Flug

C2
1. 女的要去上海。   2. 她坐飞机去。

C3
Der Flugkapitän spricht. Sie fliegen nach München. Es dauert 10 Stunden und 5 Minuten.

C4
1. 飞机比火车开得快，我坐飞机。
   Fēijī bǐ huǒchē kāi de kuài, wǒ zuò fēijī.

2. 二等座比一等座便宜。
   Èr děng zuò bǐ yì děng zuò piányi.

3. 我坐中国国际航空公司的航班回慕尼黑。
   Wǒ zuò Zhōngguó guójì hángkōng gōngsī de hángbān huí Mùníhēi.

4. 这是我的护照，我有一个箱子。
   Zhè shì wǒ de hùzhào, wǒ yǒu yí ge xiāngzi.

5. 谢谢你的帮助，请向你先生问好。
   Xièxie nǐ de bāngzhù, qǐng xiàng nǐ xiānsheng wèn hǎo.

6. 祝你一路平安。
   Zhù nǐ yílù píng'ān.

C5

1. 我想买一张去柏林的往返票。
   Wǒ xiǎng mǎi yì zhāng qù Bólín de wǎngfǎn piào.

2. 请问，哪儿有时刻表？
   Qǐng wèn, nǎr yǒu shíkèbiǎo?

3. 软卧票比硬卧票贵多少？
   Ruǎnwò piào bǐ yìngwò piào guì duōshao?

4. 我先去办登机手续，然后去喝茶。
   Wǒ xiān qù bàn dēngjī shǒuxù, ránhòu qù hē chá.

C6

1. 出差 (chū chāi) · 2. 机场 (jīchǎng) · 3. 商店 (shāngdiàn) · 4. 办 (bàn) · 5. 手续 (shǒuxù) ·
6. 又 (yòu) · 7. 过 (guò) · 8. 登机 (dēngjī) · 9. 登机口 (dēngjīkǒu)

C7

Waagerecht:

1. 帮助 · 2. 开心 · 3. 走路 · 4. 高铁 · 5. 车次 · 6. 登机 · 7. 牌子

Senkrecht:

1. 高兴 · 2. 地铁 · 3. 飞机 · 4. 火车 · 5. 火车站 · 6. 箱子 · 7. 一路平安

C8 b

1. 小龙想跟妻子去北京玩。
2. 他看了三、四遍从上海到北京的时刻表，不知道坐什么车去北京。他问了他妻子："哪种火车去北京最好？"
3. 坐动车不贵，时间也不长。小龙的妻子想坐动车去北京玩。

14 天气和季节

A1

风雨多	太阳照	雪花飘
fēng yǔ duō	tàiyáng zhào	xuěhuā piāo

A2

1. 夏天来了，我去游泳。 Xiàtiān lái le, wǒ qù yóu yǒng.
2. 秋天来了，我去跑步。 Qiūtiān lái le, wǒ qù pǎo bù.
3. 冬天来了，我去散步。 Dōngtiān lái le, wǒ qù sàn bù.

A3

春天 · 夏天 · 秋天 · 冬天

A4

1. 禾 + 子   季
   Getreidehalm + Kind   Jahreszeit
   hé + zi   jì

2. 艹 + 化   花
   Gras + verändern   Blumen
   cǎo + huà   huā

3. 竹 + 夭   笑
   Bambus + jung   lachen
   zhú + yāo   xiào

4. 禾 + 火   秋
   Getreidehalm + Feuer   Herbst
   hé + huǒ   qiū

5. 阝 + 日   阳

doppeltes Ohr + Sonne   Sonne

     ěr + rì   yáng

6. 票 + 风   飘

Ticket + Wind   rieseln

    piào + fēng   piāo

B1

1. b.	chūntiān	Frühling	6. i.	qiūtiān	Herbst
2. c.	tàiyáng	Sonne	7. f.	huār	Blumen
3. e.	dà xuě	starker Schneefall	8. j.	jīnnián	dieses Jahr
4. a.	qìwēn	Lufttemperatur	9. h.	xià yǔ	es regnet
5. d.	tiānqì	Wetter	10. g.	zuǒyòu	ungefähr

B2

每天	有	太阳
měi tiān	yǒu	tàiyáng
今天	刮	大风
jīntiān	guā	dà fēng
气温	在	零下3度
qìwēn	zài	língxià 3 dù
昨天	是	阴天
zuótiān	shì	yīn tiān
明天	下	小雨
míngtiān	xià	xiǎo yǔ

B3

下雨 (xià yǔ), 刮风 (guā fēng), 冷 (lěng)

B4

1. 再 · 2. 又 · 3. 又 · 4. 又 · 5. 再 · 6. 再 · 7. 再

   zài   yòu   yòu   yòu   zài   zài   zài

B5b

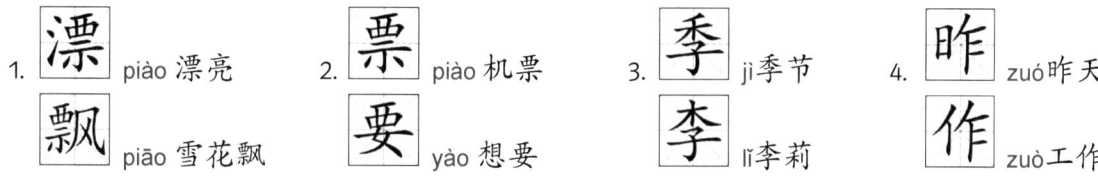

1. 漂 piào 漂亮 / 飘 piāo 雪花飘
2. 票 piào 机票 / 要 yào 想要
3. 季 jì 季节 / 李 lǐ 李莉
4. 昨 zuó 昨天 / 作 zuò 工作

C1

1. c. · 2. b. · 3. d. · 4. d. · 5. d.

C2b

1. 现在是什么季节？   现在是春天，花开了。

   Xiànzài shì shénme jìjié?   Xiànzài shì chūntiān, huā kāi le.

2. 现在是什么季节？ 现在是秋天，下大雨.
   Xiànzài shì shénme jìjié? Xiànzài shì qiūtiān, xià dà yǔ.

3. 现在是什么季节？ 现在是夏天，人们去游泳。
   Xiànzài shì shénme jìjié? Xiànzài shì xiàtiān, rénmen qù yóu yǒng.

C3

先…然后 / 跟…一样 / 又…又…
xiān…ránhòu / gēn…yíyàng / yòu…yòu…

虽然…但是… / 如果
suīrán…dànshì… / rúguǒ

C4

1. Ansage im Flugzeug
2. München
3. Schmuddelwetter

C5

1. 今天的天气很好，我们去散步。
   Jīntiān de tiānqì hěn hǎo, wǒmen qù sàn bù.

2. 我喜欢春天，在春天里有花和太阳。
   Wǒ xǐhuan chūntiān, zài chūntiān lǐ yǒu huā hé tàiyáng.

3. 上海的天气跟德国的天气一样吗？
   Shànghǎi de tiānqì gēn Déguó de tiānqì yíyàng ma?

4. 马上要下雨了，我们快回家吧。
   Mǎshàng yào xià yǔ le, wǒmen kuài huí jiā ba.

5. 今天下午会下雪.
   Jīntiān xiàwǔ huì xià xuě.

C6

1. 春 chūn 春天 2. 时 shí 时间 3. 明 míng 明天 4. 昨 zuó 昨天

5. 阳 yáng 太阳 6. 晴 qíng 晴天 7. 早 zǎo 早上 8. 晚 wǎn 晚上

C8 b

1. 小龙想告诉小红北京的天气。
2. 北京的冬天有大雪，很冷，气温在零下20度。夏天非常热，气温在35.度左右。
3. 北京的春天常常刮大风，会下雨，天气不好。

C9

1. 日 + 青   晴
Sonne + blau, grün   heiter
rì + qīng   qíng

2. 雨 + 令   零
Regen + Befehl   Null
yǔ + lìng   líng

3. 人 + 云   会
Mensch + Wolken   können
rén + yún   huì

4. 木 + 羊   样
Holz + Ziege   Aussehen
mù + yáng   yàng

15 看病

A1

手 · 头 · 脚 · 腿 · 胳膊

A2

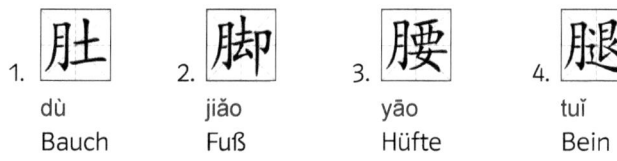

1. 肚   dù   Bauch
2. 脚   jiǎo   Fuß
3. 腰   yāo   Hüfte
4. 腿   tuǐ   Bein

Was haben die Zeichen gemeinsam? 月

A3

头 (tóu) · 脚 (jiǎo) · 腰 (yāo) · 身体 (shēntǐ) · 运动 (yùndòng)

(Man soll) frühmorgens den Kopf bewegen, mittags die Füße benutzen, abends (auf) die Hüfte schlagen, willst du bei guter Gesundheit sein, musst du mehr Sport treiben.

B1

1. d. dùzi   Bauch
2. e. fā shāo   Fieber haben
3. a. ǒutù   erbrechen
4. b. gǎnmào   Erkältung, sich erkältet haben
5. c. yīshēng   Arzt
6. h. shūfu   sich wohl fühlen
7. j. késou   husten
8. g. qǐ chuáng   aufstehen
9. f. shēng bìng   erkranken
10. i. sǎngzi   Hals

B2

1. 发烧 · 2. 感到 · 3. 医院

B3

1. 早上起床以后我感到不舒服，想呕吐。
Zǎoshang qǐ chuáng yǐhòu wǒ gǎndào bù shūfu, xiǎng ǒutù.

2. 感冒的人很多，你要常常洗手。
Gǎnmào de rén hěn duō, nǐ yào chángcháng xǐ shǒu.

3. 请你每天吃药，早晚一次，每次两粒。
   Qǐng nǐ měi tiān chī yào, zǎo wǎn yí cì, měi cì liǎng lì.

4. 今天的天气阴冷，刮大风，很容易生病。
   Jīntiān de tiānqì yīn lěng, guā dà fēng, hěn róngyì shēng bìng.

B4

Sie hat sich erkältet und hustet.

B5

1. 我拉肚子了，不能去上班。
   Wǒ lā dùzi le, bù néng qù shàng bān.

2. 医生，我生了什么病?
   Yīshēng, wǒ shēngle shénme bìng?

3. 您好吗? 您舒服吗?
   Nín hǎo ma? Nín shūfu ma?

4. 我咳嗽得很厉害，想要咳嗽药。
   Wǒ késou de hěn lìhài, xiǎng yào késou yào.

B6

1. 疒 + 丙　　　病
   Krankheit + das dritte　krank
   bìng + bǐng　　　bìng

2. 口 + 土　　　吐
   Mund + Erde　　　erbrechen
   kǒu + tǔ　　　tú

3. 米 + 立　　　粒
   Reis + stehen　　　ZEW
   mǐ + lì　　　lì

4. 广 + 木　　　床
   Schrägdach + Holz　Bett
   guǎng + mù　　　chuáng

5. 火 + 火　　　炎
   Feuer + Feuer　　　Entzündung
   huǒ + huǒ　　　yán

6. 氵 + 先　　　洗
   Wasser + zuerst　waschen
   shuǐ + xiān　　　xǐ

C1

药 / 医生 / 呕吐 / 发炎 / 发烧 / 拉肚子 / 咳嗽 / 生病 / 感冒 / 疼

1. 医生给我咳嗽药。
2. 今天我生病了，不能去打篮球。
3. 我的肚子很疼，但是没有拉肚子。
4. 你嗓子发炎了，得吃药。
5. 我的头很疼，感到非常不舒服。

C2

1. P · 2. A · 3. P · 4. P · 5. A · 6. P · 7. A

C3

1. b. · 2. a. · 3. c. · 4. c.

C4

1. 得 · 2. 地 · 3. 得 / 的 · 4. 地 · 5. 的 · 6. 的 · 7. 地 · 8. 得

C5

1. 服 / 肚 / 吐 · 2. 休 / 体 · 3. 孩 · 4. 咳 / 报

C6

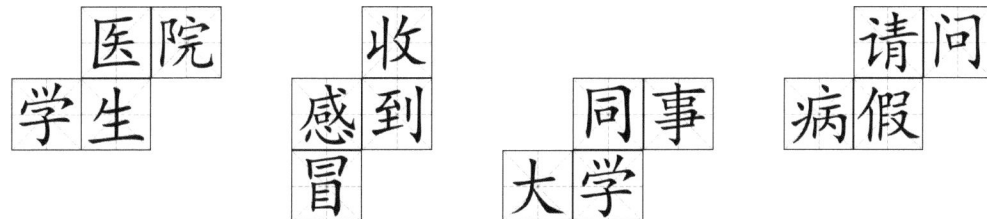

C7

Waagerecht:

1. 同事 · 2. 退休 · 3. 睡觉 · 4. 医生 · 5. 生病 · 6. 发烧 · 7 请假

Senkrecht:

1. 同学 · 2. 医院 · 3. 看病 · 4. 病假 · 5. 觉得 · 6. 发炎 · 7. 休息

C8 b

1. 马小龙跟同事去踢球了。踢足球是运动，它对身体好。
2. 下午他们踢了两个小时的足球。
3. 晚上睡觉的时候，马小龙感到脚很疼。妻子送了小龙去医院。
   医生说了马小龙的脚没有大问题，得在家休息，少走路，等几天
   脚就会好的。

C9

1. 亻 + 木 　　　　休
   einzelner Mensch + Holz　beenden
   rén + mù　　　　xiū

2. 讠 + 上 　　　　让
   Sprache + Oben　　lassen
   yán + shàng　　　ràng

3. 自 + 心 　　　　息
   selbst + Herz　　stoppen
   zì + xīn　　　　xī

4. 忄 + 灰 　　　　恢
   Herz + Staub　　ausgedehnt
   xīn + huī　　　huī

16 互联网和电子邮件

A1

办公室里有桌子。桌子上有电脑、打印机、电话。

Bàngōngshì lǐ yǒu zhuōzi. Zhuōzi shàng yǒu diànnǎo、dǎyìnjī、diànhuà.

A2

1. 电影 · 2. 宾馆 · 3. 去年

A3

1. c. · 2. a. · 3. b. · 4. c.

B1

1.	d.	yǒude	einige, manche	6.	g.	guǎnggào	Werbung
2.	c.	tōngguò	durch, per	7.	j.	xiàzǎi	herunterladen
3.	e.	diànnǎo	Computer	8.	i.	dìzhǐ	Adresse
4.	a.	xìnxī	Information	9.	h.	chuánsòng	transportieren, Übertragung
5.	b.	xīnwén	Nachrichten	10.	f.	shǒujī	Handy

B2

1. 他是昨天下午给我发电子邮件的。

   Tā shì zuótiān xiàwǔ gěi wǒ fā diànzǐ yóujiàn de.

2. 我是在办公室里看见李老师的。

   Wǒ shì zài bàngōngshì lǐ kànjiàn Lǐ lǎoshī de.

3. 是他告诉了我你的电子邮箱地址的。

   Shì tā gàosùle wǒ nǐ de diànzǐ yóuxiāng dìzhǐ de.

4. 王刚是在网上看新闻和广告的。

   Wáng Gāng shì zài wǎng shang kàn xīnwén hé guǎnggào de.

5. 我是跟同事一起给他准备手机卡和打印机的。

   Wǒ shì gēn tóngshì yìqǐ gěi tā zhǔnbèi shǒujī kǎ hé dǎyìnjī de.

B3

1. 我准备好这些文件了，你可以在电脑里看。

   Wǒ zhǔnbèihǎo zhè xiē wénjiàn le, nǐ kěyǐ zài diànnǎo lǐ kàn.

2. 电子邮件又方便又快，我们常用电子邮件。

   Diànzǐ yóujiàn yòu fāngbiàn yòu kuài, wǒmen cháng yòng diànzǐ yóujiàn.

3. 祝你们的合作和谐、顺利。

   Zhù nǐmen de hézuò héxié、shùnlì.

4. 办公室里有电脑，你能在那儿发电子邮件。

   Bàngōngshì lǐ yǒu diànnǎo, nǐ néng zài nàr fā diànzǐ yóujiàn.

B4
Die richtige Antwort ist b.

B5
1. 了 · 2. 过 · 3. 着 · 4. 了 · 5. 了 · 6. 着

B6

1. 门 + 耳　　闻
   Tür + Ohr　hören, Neuigkeit
   mén + ěr　　wén

2. 亻 + 言　　信
   einzelner Mensch + Sprache　Brief, Information
   rén + yán　　xìn

C1
电子邮箱 / 电话 / 地址 / 发 / 文件 / 下载 / 传送 / 信息 / 互联网 / 上网

1. 我给你我的电子邮箱地址。
2. 今天下午我给你发文件。
3. 现在很多人上网看新闻和广告。
4. 你可以在网上下载这些文件。
5. 因为我没有你的邮箱地址，所以给你打电话。

C2
1. 因 / 回 · 2. 准 / 难 · 3. 雪 / 需 · 4. 闻 / 间

C3
1. 我常常上网跟朋友聊天。
   Wǒ chángcháng shàng wǎng gēn péngyou liáo tiān.

2. 我用电子邮件给你传送信息。
   Wǒ yòng diànzǐ yóujiàn gěi nǐ chuánsòng xìnxī.

3. 你能给我你的电子邮箱地址吗？
   Nǐ néng gěi wǒ nǐ de diànzǐ yóuxiāng dìzhǐ ma?

4. 为我们的合作干杯。
   Wèi wǒmen de hézuò gānbēi.

5. 你给了我很多帮助，我表示再次感谢。
   Nǐ gěile wǒ hěn duō bāngzhù, wǒ biǎoshì zài cì gǎnxiè.

C5

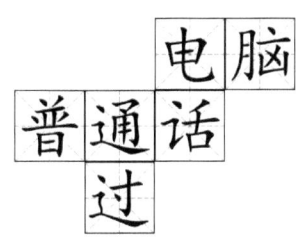
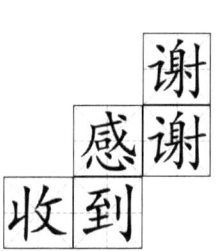

C7

Waagerecht:
1.地方 · 2.方便 · 3.中文 · 4.电子邮件 · 5..退休 · 6.已经 · 7.信息 · 8.整理 · 9.箱子

Senkrecht:
1.地址 · 2.电话 · 3.经理 · 4.信箱 · 5.休息 · 6.文件 · 7.广告 · 8.告诉

C8 b

1. 今天马小龙的妻子不高兴。因为她的女儿不好好地学习，常常在网上跟朋友聊天。
2. 小龙觉得这不是大问题，他会跟女儿聊这个问题。
3. 因为小龙的女儿明年考大学，她不好好地学习，所以小龙的妻子头疼。
   她没有吃药。

C9

1. 番 + 羽　　　　　翻
   immer wieder + Feder　übersetzen
   fān + yǔ　　　　　fān

2. 讠 + 皆　　　　　谐
   Sprache + alle　　aufeinander abgestimmt
   yán + jiē　　　　xié

Bild- und Quellennachweis

4.1 Thinkstock (diego_cervo), München; 4.2 Thinkstock (Claudio Curro), München; 5.1 Thinkstock (bedo), München; 5.2 Thinkstock (XiXinXing), München; 5.3 Thinkstock (amstockphoto), München; 80 Thinkstock (Tanunyarat_photography), München